Orçamento
e controle

CB139870

Central de Qualidade — FGV Management

ouvidoria@fgv.br

PUBLICAÇÕES
FGV Management

SÉRIE GESTÃO FINANCEIRA, CONTROLADORIA E AUDITORIA

Orçamento e controle

2ª edição

José Carlos Sardinha

José Mauro Bacellar de Almeida

Luis Limeira Dinoá

Washington Luiz Ferreira

FGV management

FGV EDITORA

ISBN — 978-85-225-0678-1

Copyright © 2008 José Carlos Sardinha, José Mauro Bacellar de Almeida, Luis Limeira Dinoá e Washington Luiz Ferreira

Direitos desta edição reservados à
EDITORA FGV
Rua Jornalista Orlando Dantas, 37
22231-010 — Rio de Janeiro, RJ — Brasil
Tels.: 0800-021-7777 — 21-3799-4427
Fax: 21-3799-4430
e-mail: editora@fgv.br — pedidoseditora@fgv.br
web site: www.fgv.br/editora

Impresso no Brasil / *Printed in Brazil*

Todos os direitos reservados. A reprodução não autorizada desta publicação, no todo ou em parte, constitui violação do copyright (Lei nº 9.610/98).

Os conceitos emitidos neste livro são de inteira responsabilidade dos autores.

1ª e 2ª edições — 2008
1ª e 2ª reimpressões — 2009
3ª, 4ª e 5ª reimpressões — 2010

Preparação de originais: Claudia Gouvêa
Editoração eletrônica: FA Editoração
Revisão: Aleidis de Beltran e Fatima Caroni
Capa: aspecto:design
Ilustração de capa: André Bethlem

Sardinha, José Carlos
Orçamento e controle /José Carlos Sardinha, José Mauro Bacellar de Almeida, Luis Limeira Dinoá, Washington Luiz Ferreira. — 2. ed — Rio de Janeiro: Editora FGV, 2008.
144 p. — (Gestão financeira, controladoria e auditoria)

Acima do título: Publicações FGV Management.
Inclui bibliografia

1. Orçamento. 2. Orçamento — Controle. 3. Orçamento nas empresas. 4. Controle de custo. I. Almeida, José Mauro Bacellar de. II. Dinoá, Luis Limeira. III. Ferreira, Washington Luiz. IV. Editora FGV. V. FGV Management. VI. Título. VII. Série.

CDD - 658.154

A todos com quem tivemos o prazer de conviver, transmitir e aprender.

Sumário

Apresentação

Este livro compõe as Publicações FGV Management, programa de educação continuada da Fundação Getulio Vargas (FGV).

Instituição de direito privado com mais de meio século de existência, a FGV vem gerando conhecimento por meio da pesquisa, transmitindo informações e formando habilidades por meio da educação, prestando assistência técnica às organizações e contribuindo para um Brasil sustentável e competitivo no cenário internacional.

A estrutura acadêmica da FGV é composta por oito escolas e institutos: a Escola Brasileira de Administração Pública e de Empresas (Ebape), dirigida pelo professor Bianor Scelza Cavalcanti; a Escola de Administração de Empresas de São Paulo (Eaesp), dirigida pelo professor Francisco Mazzucca; a Escola de Pós-Graduação em Economia (EPGE), dirigida pelo professor Renato Fragelli; o Centro de Pesquisa e Documentação de História Contemporânea do Brasil (Cpdoc), dirigido pelo professor Celso Castro; a Escola de Direito de São Paulo (Direito GV), dirigida pelo professor Ary Oswaldo Mattos Filho; a Escola de Direito do Rio de Janeiro (Direito Rio), dirigida pelo professor Joaquim Falcão; a Escola de Economia de São Paulo (Eesp), dirigida pelo professor Yoshiaki Nakano; o Instituto Brasileiro de Economia (Ibre), dirigido pelo professor Luiz Guilherme Schymura de Oliveira. São diversas unidades com a marca FGV, trabalhando com a mesma filosofia: gerar e disseminar o conhecimento pelo país.

Dentro de suas áreas específicas de conhecimento, cada escola é responsável pela criação e elaboração dos cursos oferecidos pelo Instituto de Desenvolvimento Educacional (IDE), criado em 2003 com o objetivo de coordenar e gerenciar uma rede de distribuição única para os produtos e serviços educacionais da FGV, por meio de suas escolas. Dirigido pelo professor Clovis de Faro, o IDE engloba o programa FGV Management e sua rede conveniada, distribuída em todo o país (ver www.fgv.br/fgvmanagement), o programa de ensino a distância FGV Online (ver www.fgv.br/fgvonline), a Central de Qualidade e Inteligência de Negócios, o Programa de Cursos Corporativos e uma Direção Acadêmica. Por meio de seus programas, o IDE desenvolve soluções em educação presencial e a distância e em treinamento corporativo customizado, prestando apoio efetivo à rede FGV, de acordo com os padrões de excelência da instituição.

Este livro representa mais um esforço da FGV em socializar seu aprendizado e suas conquistas. Ele é escrito por professores do FGV Management, profissionais de reconhecida competência acadêmica e prática, o que torna possível atender às demandas do mercado, tendo como suporte sólida fundamentação teórica.

A FGV espera, com mais essa iniciativa, oferecer a estudantes, gestores, técnicos — a todos, enfim, que têm internalizado o conceito de educação continuada, tão relevante nesta era do conhecimento — insumos que, agregados às suas práticas, possam contribuir para sua especialização, atualização e aperfeiçoamento.

Clovis de Faro
Diretor do Instituto de Desenvolvimento Educacional

Ricardo Spinelli de Carvalho
Diretor Executivo do FGV Management

Sylvia Constant Vergara
Coordenadora das Publicações FGV Management

Introdução

Pesquisas nas áreas econômica, financeira e contábil exploram como provocar a motivação dos gerentes para agirem de forma que atendam o melhor interesse dos proprietários. Mesmo a literatura jornalística alardeia prêmios por meio da meritocracia (premiar aqueles que atingem ou superam metas). A revista *Exame*, por exemplo, em sua edição 851 (14 set. 2005), diz que as empresas que fazem valer as práticas da meritocracia são as mais rentáveis e as melhores para se trabalhar.

O orçamento é uma "ferramenta" que: a) comunica a estratégia em todos os níveis gerenciais, pormenorizando os planos de cada centro de responsabilidade; b) coordena as várias atividades da organização, evitando duplicidade de trabalhos; c) define responsabilidade, autoriza limites de gastos e informa o desempenho que se espera; d) é um instrumento de avaliação, isto é, um "contrato" ou acordo com os gestores visando que os planos sirvam como base para avaliação da performance desses e da empresa.

Este livro oferece ao leitor uma noção da importância do orçamento como uma ferramenta gerencial para planejar e controlar atividades. O orçamento é um dos componentes do plano global de uma organização. Sua abrangência geralmente é um ano de operações e tem por fim estimular os funcionários da empresa a atingir as metas estabelecidas pela administração.

O livro foi estruturado em três capítulos. O primeiro mostra os objetivos do orçamento e sua interação com os outros processos da área de planejamento. Esse capítulo enfatiza o processo orçamentário, analisando suas vantagens e limitações, e aborda também quão significativo é o teor comportamental pertinente a esse processo.

O segundo capítulo apresenta como os planos operacionais são consolidados em planos financeiros e, por meio de exemplos, analisa o impacto das diretrizes previamente definidas pela administração.

O terceiro capítulo expõe o uso da informação e a avaliação da performance por meio das responsabilidades. Variações ocorridas na comparação entre o lucro realizado e o orçado serão analisadas segregando-se suas causas. Adicionalmente, analisa, também, as variações devidas a volume e as devidas a preços divergentes do orçamento.

Ao final, apresentam-se as conclusões.

1 O orçamento

Este capítulo apresenta as vantagens do uso do orçamento como uma técnica de planejamento. Inicia examinando como age o ser humano e relaciona essa ação com a de planejamento. Depois apresenta o uso do orçamento como uma técnica de gestão, as etapas do processo orçamentário, a natureza do orçamento, as premissas exigidas e outros itens. O objetivo desses itens é introduzir o leitor no orçamento e subsidiá-lo na implantação do mesmo na organização.

Planejamento e orçamento

Como executamos qualquer ação em nossas vidas? Para respondermos a essa pergunta, começaremos por examinar como agem os seres inferiores aos humanos: os animais irracionais atuam por instinto, executando ações que lhes são determinadas por impulsos próprios, o que algumas vezes os protege de perigos e outras vezes os expõe à própria morte. Sua sorte, portanto, depende, quase exclusivamente, de fatores externos, tendo em vista que seus atos não são refletidos previamente.

Já o ser humano saudável, na maioria das vezes, pensa e executa, exatamente nesta ordem. Assim, respondendo à pergunta, a maior parte das ações que executamos, excluídas aquelas impostas por instintos que não controlamos, é precedida de reflexão e planejamento, mesmo nas tarefas mais simples.

Por exemplo: para preparar um bolo de farinha, a cozinheira utiliza uma receita que pode estar na sua memória e da qual teve conhecimento por meio da simples observação de como sua mãe fazia. Tal receita indicava quais ingredientes, suas porções, a maneira de misturá-los, o tempo necessário e a temperatura adequada para assar a massa. Assim, o resultado esperado — um saboroso bolo — é alcançado por meio de ações que requerem algum roteiro prévio. Sem o conhecimento da receita, como preparar o bolo?

Outro exemplo: um marginal de rua costuma planejar suas ações ao escolher a vítima, o local e o momento adequados ao assalto, ainda que inconscientemente e por apenas alguns instantes. O resultado da improvisação, na sua ação, pode-lhe ser desastroso, custando-lhe a liberdade e até a própria vida.

Ainda em ações individuais, imaginemos um jogador de xadrez que não adota nenhuma estratégia, realizando jogadas sem programação ou preocupação com os possíveis lances do adversário. Provavelmente estaria derrotado em poucas jogadas.

Pensando, agora, nas empreitadas coletivas, imaginemos o que é necessário para colocar-se um carro de Fórmula 1 em ação: engenheiros especializados, sofisticados equipamentos, um piloto qualificado, conhecimento da pista de corrida, controle de peso do carro e outros inumeráveis quesitos. Imagine que resultado seria alcançado se todos esses recursos fossem colocados nesse empreendimento sem qualquer planificação. Pensando apenas em duas atividades do evento de *pit stop*, como exemplo imaginemos o que aconteceria se o piloto entrasse no *box* na hora errada e o mecânico não tivesse preparado e aquecido previamente os pneus que utilizará para substituir aqueles já gastos pelo carro durante a corrida, ou se o reabastecimento não for em volume de combustível suficiente para o carro concluir a prova etc.

Assim, o sucesso de quaisquer ações, sejam individuais ou coletivas, é mais facilmente alcançado quando há reflexão e programação prévias. Os planos, por si, não garantem o êxito da empreitada, porém sem eles fica mais difícil ou mais custoso atingir-se o objetivo. Há quem diga que a única certeza que temos ao programarmos algo é que aquilo que estamos planejando não vai dar certo! Embora pareça estranha tal afirmativa, na verdade, se tivéssemos a certeza de que alcançaríamos nossos objetivos, não precisaríamos planejar nem agir: bastaria cruzar os braços e aguardar o resultado inexorável, inevitável, infalível. Tal não se dá, especialmente quanto à atuação das empresas que militam num campo no qual há concorrência de mercado e uma acentuada exigência de qualidade pelos clientes.

O planejamento, portanto, não elimina riscos. Contudo mostra mais racionalmente em que riscos se vai incorrer. Assim, a improvisação absoluta não é a bússola dos empreendedores de sucesso, mesmo aqueles de pequeno porte, pois a atividade de planejar o negócio é realizada, ainda que de maneira inconsciente e sem formalização, até mesmo no momento de se escolher o tipo e a localização do estabelecimento, quanto recurso financeiro demandará etc.

Muitos empresários alegam que as incertezas específicas de seus negócios tornam os orçamentos pouco práticos. Ainda assim, pode-se sempre achar empresas do mesmo setor que os usam com sucesso. Mesmo naqueles em que as mudanças são muito rápidas, como as de tecnologia da informação e de telecomunicações, muitas companhias líderes de mercado consideram os orçamentos absolutamente indispensáveis, transformando-os em ferramentas com abordagem flexível para serem capazes de acompanhar as inovações. No próximo item, apresentaremos o orçamento como uma ferramenta que auxilia os gestores a atingirem seus objetivos.

Gestão por meio de orçamentos

Consultando o *Dicionário da língua portuguesa* (Ferreira, 2001), encontramos alguns vocábulos utilizados nas atividades de gestão orçamentária:

> **estimativa.** [Fem. substantivado de *estimativo.*] *S.f.* **1.** Avaliação, cálculo; cômputo; juízo; estima: *Ainda não temos uma estimativa exata de nossos prejuízos.* **2.** *Estat.* Estimador (3). **3.** *Estat.* Valor de um estimador calculado a partir de uma amostra. ◆ **Estimativa de custo.** Orçamento preliminar, geralmente baseado em anteprojeto.
>
> **previsão.** [De *pre-* + visão.] *S.f.* **1.** Ato ou efeito de prever; antevisão, presciência. **2.** Estudo ou exame feito com antecedência: *previsão do tempo; previsão de uma eleição.* **3.** Cautela, prevenção.
>
> **prever.** [Do lat. *praevidere.*] *V.t.d.* **1.** Ver antecipadamente; calcular, conjeturar, supor: *Já previra esse feliz resultado;* (...) **2.** (...) pressupor (...) **3.** Profetizar, prognosticar, predizer: *As cartas prevêem um desastre.* **4.** Ver, estudar, examinar, com antecedência: *O bom artista prevê o papel antes de executá-lo. Int.* **5.** Fazer conjeturas; reflexionar, calcular: *Ninguém raciocinou, ninguém previu.* (...)
>
> **projeção.** [Do lat. *projectione.*] *S.f.* **1.** Ato ou efeito de projetar (...) **5.** *Fig.* Importância, valor. (...)
>
> **projeto.** [Do lat. *projectu*, 'lançado para diante'] *S.m.* **1.** Idéia que se forma de executar ou realizar algo, no futuro; plano, intento, desígnio. **2.** Empreendimento a ser realizado dentro de

determinado esquema: *projeto administrativo; projetos educacionais.* **3.** Redação ou esboço preparatório ou provisório de um texto: *projeto de estatuto; projeto de tese.* **4.** Esboço ou risco de obra a se realizar; plano: *projeto de cenário.* **5.** *Arquit.* Plano geral de edificação. (...)

plano. [Do lat. *planu.*] (...) *S.m.* **8.** Projeto (4): *Ele próprio fez o plano de sua residência.* **9.** Projeto ou empreendimento com fim determinado (...) **10.** Conjunto de métodos e medidas para a execução de um empreendimento: *Osvaldo Cruz estabeleceu um plano para a erradicação da febre amarela.* (...) **14.** *Fig.* Intento, propósito, desígnio; projeto: *Seu plano é dar aos filhos a educação que não pôde receber.* (...)

planejar. *V.t.d.* **1.** Fazer o plano ou planta de; projetar, traçar: *Um bom arquiteto planejará o edifício.* **2.** Fazer o planejamento de; elaborar um plano ou roteiro de; programar, planificar: *planejar um roubo.* **3.** (...) tencionar, projetar (...).

planejamento. *S.m.* **1.** Ato ou efeito de planejar. **2.** Trabalho de preparação para qualquer empreendimento, segundo roteiro e métodos determinados; planificação: *o planejamento de um livro, de uma comemoração.* **3.** *Bras.* Elaboração, por etapas, com bases técnicas (especialmente no campo socioeconômico), de planos e programas com objetivos definidos; planificação.

Resumindo as idéias necessárias a um entendimento inicial, podemos inferir:

- estimativa — avaliação, cálculo. Ex.: orçamento prévio;
- previsão — estudo feito com antecedência. Ex.: previsão do tempo. Este já carrega em si algum estudo, uso de técnicas e/ou cálculos previamente: se as condições x e y continuarem assim, poderá acontecer;
- planejamento — programa de trabalho, roteiro. Ex.: fazer chover, se necessário (e possível). Traduz a idéia de que é

necessário providenciar condições, por meio do estabelecimento de um roteiro prévio, para que aconteça aquilo que se deseja: vou fazer acontecer;

- planejamento e previsão não são a mesma coisa. Quem faz previsões não procura influir no futuro por meio de suas próprias ações, o que dá uma idéia de que falta administração ao empreendimento. Tal situação lembra-nos a de um barco ao mar cuja tripulação sabe que atravessará uma tempestade, porém não traçou nenhum roteiro alternativo previamente nem dispõe de mapas cartográficos ou outra orientação, portanto navega sob a influência da corrente marítima ou do vento, completamente desgovernado.

A aleatoriedade do ambiente externo pode ser combatida e reduzida por meio das oportunidades oferecidas pela prática da administração planejada, situação em que a empresa age com antecedência, gerando o fato, ao invés de reagir a ele depois de ocorrido. Qual investidor colocaria seu dinheiro num negócio sujeito a variáveis completamente aleatórias, sobre as quais não tem nenhuma ingerência, e cuja administração atua depois dos acontecimentos? Em vez de os administradores o informarem dos perigos iminentes à sobrevida da empresa, para que se pudessem diagnosticar os potenciais males e receitar os remédios, eles, provavelmente, trar-lhe-iam relatórios do desempenho ocorrido, o que equivaleria a um atestado de óbito da empresa, depois dos acontecimentos, quando já não há o que se fazer, a não ser lamentar.

Ressaltamos que as empresas não devem ficar imóveis, aguardando e confiando no desenvolvimento, e sim se esforçar tenazmente para atingir seus objetivos, posto que se trata, no mínimo, de uma questão de sobrevivência perante a concorrência, que, por si, é também dinâmica e voluntariosa, adaptando-se pela inovação, ou seja, ajudando a criar seu desenvolvimento e, conseqüentemente, seu destino.

A necessidade de responder previamente a perguntas como "Onde estamos?", "Onde queremos ir?", "Como chegaremos lá?" depende, também, e muito, da ambição do administrador planejador ao responder à segunda pergunta: "Onde queremos ir?". Essa questão apresenta um aspecto importante, que é o desejo da organização em ocupar uma determinada posição no mercado e, de forma planejada, tornar-se o que ela realmente deseja ser. Após o estabelecimento dos objetivos, traça-se o roteiro para atingi-los. Esse roteiro constitui-se no processo de planejamento, seja das ações de um indivíduo, de uma empresa, de organismos internacionais, nações etc. Assim, o processo de planejamento não é um exercício de futurologia no qual se tenta adivinhar o que acontecerá, mas sim de especificar um programa de trabalho para realizar aquilo que se pretende.

O planejamento constitui-se, portanto, de dados representativos das expectativas da empresa com relação à mais provável evolução das condições externas e à mais desejável evolução das condições internas, que podem vir a afetar suas operações, medindo, assim, o impacto futuro das decisões tomadas hoje. Para se implementar o orçamento há que se entender as etapas desse processo, assunto a ser abordado no próximo item.

Etapas do processo orçamentário

O planejamento é feito por meio da determinação dos objetivos e das metas para o empreendimento. A filosofia de administrar por objetivos considera que uma organização deva:

- impor a si mesma e a cada um de seus membros objetivos individuais mensuráveis;
- realizar planejamentos financeiros detalhados a longo e curto prazos;

- manter os mecanismos formais necessários para assegurar o *feedback* das informações referentes ao desempenho e às realizações efetivas de todos os seus encarregados.

Ao definir responsabilidades, cada encarregado sabe o que dele se espera e a organização pode, então, com maior propriedade, esperar um impulso coordenado, visando aos objetivos comuns, e avaliar se a contribuição da meta individual desse encarregado está coadunada com os objetivos da organização. Ao formular os objetivos futuros, a direção pode desenvolver as metas visadas de vários modos: pode procurar determinado volume de vendas, tentar atingir certo desenvolvimento ou certa estrutura de organização, procurar novo tipo ou nova qualidade de produto ou procurar nova maquinaria, de modo que atinja seu alvo com expectativa de lucro.

Os objetivos, bem como as metas derivadas dos mesmos, devem ser discutidos e claramente definidos pela administração dentro das seguintes conceituações:

- objetivo — algo que se procura alcançar sem que seja necessário quantificá-lo ou delimitá-lo no tempo;
- metas — constituem um alvo predeterminado, quantificado e que se pretende atingir dentro de um prazo estipulado. A administração deve aprovar os objetivos e metas a serem perseguidos para estar também envolvida e comprometida com os mesmos.

Outra característica importante é que, quando planejamos, estamos determinando a alocação de recursos escassos na direção dos nossos mais importantes objetivos, e essa escassez de recursos, sejam financeiros, humanos ou materiais, parece ser companheira inseparável do planejamento. "Nossos mais importantes objetivos" significa, em outras palavras, a necessidade de se estabelecer uma hierarquização dos mesmos. Somente após hierarquizar os objetivos podemos determinar os recursos a serem alocados de forma a atingi-los. Os mais relevantes obterão os recursos na escassez de recursos; os últimos terão de aguardar.

O planejamento orientado para resultados deve considerar, no dimensionamento dos objetivos, se os mesmos contemplam algum equilíbrio entre o desafio e a possibilidade de atingi-los. Um planejamento demasiadamente exigente pode levar a valores pouco realistas, com o risco de desmotivação e má avaliação de desempenho da equipe. Quanto mais relevante é a informação, tanto mais complexo é medi-la, especialmente se esta ainda não aconteceu, pois uma estimativa do futuro é mais difícil de ser feita do que o registro de desempenho passado, porém mais útil. Assim, ao se preparar o planejamento, um equilíbrio deve ser atingido entre aquilo que a administração deseja e aquilo que é viável, com desafios, obter-se.

Os conceitos de qualidade total vêm contribuir significativamente para o aperfeiçoamento do processo de planejamento empresarial em suas diversas fases. Na fase de definições estratégicas, estabelece a missão, os objetivos, a visão, os fatores críticos de sucesso, os problemas e o plano de ação da empresa, abrangendo um período futuro de longo prazo de duração. Na fase de médio prazo, estabelece metas sobre as estratégias de longo prazo, incluindo projeções financeiras que suportem as medidas para atingir as metas. Na fase de curto prazo, estabelece o orçamento anual.

Outras contribuições ao processo de planejamento empresarial certamente surgirão da necessidade de aperfeiçoá-lo à medida que a humanidade vive momentos influenciados por uma grande quantidade de mutações políticas, sociais, econômicas e tecnológicas, que se caracterizam por maior velocidade, profundidade e extensão das transformações em curso. Existe um maior grau de incerteza sobre o futuro e uma menor probabilidade de repetição de problemas e soluções do passado. Novos paradigmas são inseridos na sociedade e suas mudanças são tão profundas quanto rápidas, exigindo das empresas uma ação que as viabilize, de tal forma a lembrarmo-nos dos enunciados de Darwin dos quais, adaptados para o universo empresarial, poderíamos inferir que só a empresa mais bem adaptada sobreviverá.

Planejar é lidar com futuro, previsão, premissas. Há um escopo de tempo quando lidamos com o planejamento. No próximo item apresentaremos as técnicas que lidam com o horizonte de longo prazo no processo orçamentário.

Horizonte de longo prazo

O planejamento deve trabalhar do futuro para o presente, com o objetivo (cenário final) perfeitamente delineado e definido, regredindo no tempo e identificando providências intermediárias até o momento presente. Deve-se iniciar o processo pelos objetivos e metas de longo prazo, para depois se detalhar quais as ações de curto prazo que propiciarão atingir os planos de longo prazo (planejamento estratégico). O planejamento estratégico de uma entidade define os objetivos gerais esperados e esses devem ser submetidos a um estudo do ambiente de negócios e dos recursos que a empresa dispõe por meio de uma avaliação de seus pontos fortes, fraquezas, oportunidades e ameaças. Para implantar a estratégia, os gestores terão de disseminar subobjetivos organizacionais ao vários centros de responsabilidades. Esses subobjetivos deverão ser mensuráveis para, posteriormente, podermos controlar e compreender vários vetores que influenciam a entidade. Uma técnica para determinar esses subobjetivos é o *balanced scorecard*, apresentado a seguir.

de estabelecer um compromisso formal com os objetivos da organização. O acompanhamento da execução do planejamento auxilia a aferir o desempenho das atividades e a adaptação aos planos traçados. Embora sistemas orçamentários sejam mais comuns em grandes organizações, nas quais se cultivam técnicas administrativas sofisticadas, sua utilidade em pequenas empresas também é muito grande.

Anthony e Govindarajan (2002) identificam quatro finalidades principais no uso de orçamentos:

- dar forma pormenorizada ao plano estratégico. O orçamento permite uma análise prévia e detalhada a partir de informações mais atuais e com base no julgamento dos executivos de todos os níveis da organização;
- auxiliar a coordenação das várias atividades da organização;
- definir as responsabilidades dos executivos, autorizar os limites de gastos que eles podem fazer e informá-los do desempenho que deles se espera;
- obter o reconhecimento de que o orçamento é o instrumento de avaliação do real desempenho dos executivos.

Alguns benefícios adicionais, inerentes ao processo orçamentário, também devem ser considerados, como:

- parâmetros para avaliar desempenho;
- coordenação e integração das equipes;
- comunicação das intenções da empresa aos seus empregados;
- aproveitamento de oportunidades.

Também Horngren, Foster e Datar (2000) acrescentam como vantagens os fatos de os orçamentos:

- impelirem ao planejamento, incluindo a implementação dos planos;

- fornecerem critérios de desempenho que servirão como um referencial (*benchmarking*) para a avaliação da performance dos negócios;
- promoverem a coordenação (entrosamento, balanceamento de todos os fatores de produção ou serviços das unidades de negócio) e a comunicação (torna os objetivos empresariais compreendidos e aceitos por todos).

Welsch (1993) lista algumas vantagens do processo de planejamento e controle de atividades (ou resultados), destacando-se:

- o estabelecimento de objetivos e padrões realistas;
- a comunicação adequada de políticas e diretrizes pelos níveis administrativos superiores;
- a atualização do sistema de acordo com o dinamismo do ambiente em que a empresa opera.

Limitações do processo orçamentário

Apesar das vantagens trazidas pelo planejamento, alguns inconvenientes precisam ser entendidos e superados, tais como:

- os resultados do planejamento emergem lentamente, já que os benefícios só serão vistos no ano seguinte ou depois;
- os orçamentos exigem uma certa padronização, o que pode levar a uma falta de flexibilidade;
- as resistências podem surgir da parte de pessoas relutantes em adotar novos procedimentos;
- a confiabilidade no sistema só virá com o tempo e seu funcionamento eficiente.

Assim, embora os potenciais do planejamento e do controle do lucro sejam de grande monta, não se deve supor que a elaboração de orçamentos seja perfeita ou isenta de problemas. As dificuldades do processo de planejamento e controle compreendem: obter o apoio da alta administração; desenvolver o orçamento de vendas; promover a educação orçamentária no âmbito da empresa; fixar padrões realistas; alcançar flexibilidade na aplicação do orçamento e manter permanentemente processos adequados de acompanhamento. Welsch (1993) acrescenta que, no desenvolvimento e utilização de um sistema orçamentário de planejamento e controle, devem ser observadas as seguintes limitações:

- o plano orçamentário baseia-se em estimativas. A força ou debilidade do programa orçamentário depende, em grande parte, do cuidado com que as estimativas básicas são obtidas;
- um programa orçamentário deve ser continuamente adaptado para ajustar-se a novas circunstâncias;
- a execução de um programa orçamentário não se processa automaticamente: uma vez completo, o plano se tornará efetivo somente se todos os executivos responsáveis derem o seu apoio e exercerem um esforço contínuo no sentido de sua execução.

Enfatizando a administração por objetivos, Welsch (1993:21) afirma que "o planejamento e o controle de resultados podem ser definidos, em termos amplos, como enfoques sistemáticos e formais à execução das responsabilidades de planejamento, coordenação e controle da administração", além de realçar o fato de o planejamento ser um processo formal e contínuo, o que faz com que as decisões sejam expressas antecipadamente por meio de planos de ação hierarquizados, partindo dos planos gerais para os específicos. O formalismo do processo traz vantagens, coerência e uniformidade às equipes e ao ambiente administrativo, expressando por escrito os objetivos e as metas da empresa. Porém um aspecto desfavorável dos enfoques formais é a aceitação rígida da palavra escrita, obstaculizando o dinamismo essencial a todas as atividades humanas, pois não se administra apenas por meio de regulamentos. Para minorar tal problema, Welsch (1993) propõe que seja considerada uma aplicação flexível. Pressupõe que o programa de planejamento e controle de resultados (ou qualquer outra técnica de gestão) não poderá dominar a empresa, colocando-a numa "camisa-de-força" e restringindo o aproveitamento de oportunidades não contempladas no orçamento.

Outra limitação do processo orçamentário é que muitos dos encarregados da elaboração do orçamento procuram orçar receitas mais baixas e despesas mais altas do que as estimativas corretas (Anthony e Govindarajan, 2002). O orçamento resultante desse enfoque, portanto, apresenta metas mais fáceis de serem atingidas, pois há "folgas" no orçamento elaborado que devem ser eliminadas pelos superiores hierárquicos. Esses autores incorporam à tese que o orçamento ideal é aquele que constitui um desafio, mas é um orçamento exeqüível.

Sobre esse problema, Merchant e Manzoni (1989:539-558) afirmam que "se a meta é muito difícil de ser alcançada, os executivos são levados a tomar decisões que não se coadunam com os interesses da empresa; metas exeqüíveis reduzem a tentação dos executivos de manipularem dados a fim de cumprir o orçamento; metas otimistas podem levar a um comprometimento exagerado de recursos; cria uma atmosfera vitoriosa quando os executivos conseguem cumpri-las". Alertam "que uma inconveniência das metas exeqüíveis é a possibilidade de os executivos não dedicarem maior esforço quando as metas são atingidas, o que pode ser contornado mediante a concessão de bônus sobre a parcela que exceder as metas orçadas".

Essa questão da influência do teor comportamental observado no processo orçamentário, dada sua relevância, será abordada mais adiante, quando tratarmos da participação das equipes nesse processo.

O processo orçamentário

Um programa de planejamento e controle de resultados, amplo, segundo Welsch (1993), deve ser delineado seqüencialmente da seguinte maneira:

- avaliação do efeito potencial das variáveis relevantes para a empresa;
- especificação dos objetivos gerais da empresa pela administração;
- estabelecimento dos objetivos específicos para a empresa;
- formulação e avaliação das estratégias da empresa;
- preparação das premissas de planejamento;
- preparação e avaliação dos planos de projetos;
- preparação e aprovação de um plano de resultados a longo prazo;
- preparação e aprovação de um plano de resultados a curto prazo;
- realização de análises suplementares;
- execução de planos;
- elaboração, disseminação e utilização de relatórios de desempenho;
- implantação de medidas de acompanhamento.

É importante considerar também a necessidade de se divulgar, aos diversos gestores da empresa, os objetivos, as metas, as premissas orçamentárias, os parâmetros de mensuração do desempenho etc.; em resumo, o orçamento, como será visto adiante nas funções do gestor orçamentário e na organização desse processo.

Abordando as etapas do processo de planejar, Horngren, Foster e Datar (2000) sugerem que as empresas bem administradas apresentam o seguinte ciclo orçamentário:

- planejamento do desempenho da organização como um todo;
- estabelecimento de um parâmetro de referência, de um conjunto de expectativas em relação às quais os resultados reais poderão ser comparados;
- análise das variações dos planos e conseqüentes ações corretivas;
- replanejamento, levando em consideração o *feedback* e as novas condições.

As etapas abordadas por Horngren, Foster e Datar (2000) e os passos listados por Welsch (1993) indicam-nos que há um ciclo e uma seqüência, respectivamente, que precisam ser observados ao se operar um processo orçamentário. Em adição, há as questões relacionadas às características do processo orçamentário, que serão discutidas a seguir.

Características do processo orçamentário

Anthony e Govindarajan (2002) afirmam que:

- o orçamento é apresentado em termos monetários, embora as cifras possam ser fundamentadas em valores não-monetários (unidades vendidas ou produzidas);
- o orçamento é um compromisso gerencial. Os executivos comprometem-se a aceitar a responsabilidade de atingir os objetivos do orçamento;

- a proposta orçamentária é aprovada por autoridade mais alta do que os responsáveis pela execução do orçamento;
- uma vez aprovado, o orçamento só pode ser alterado sob condições especiais;
- o desempenho financeiro real é comparado com o orçamento e as variações são analisadas e explicadas.

Esses autores diferenciam um orçamento de uma projeção, mencionando, como características, que as projeções:

- podem ser expressas em termos monetários, ou não;
- podem cobrir qualquer lapso de tempo;
- não precisam da aprovação pela autoridade mais alta;
- são atualizadas imediatamente após a ocorrência de alterações nas condições anteriormente consideradas.

Além disso, afirmam que o autor das projeções não é responsável por atingir os resultados projetados.

Suas variações não são analisadas de maneira formal ou periódica: o objetivo de uma comparação com o efetivamente realizado é aperfeiçoar a capacidade de seu autor preparar projeções. Como exemplo citam a projeção de caixa elaborada rotineiramente pela tesouraria, a qual auxilia o planejamento financeiro por projetar seu fluxo através das estimativas de recebimentos e pagamentos, sem que, no entanto, o tesoureiro tenha a responsabilidade de realizar as vendas e as despesas contempladas em sua projeção de tesouraria. Afirmam mais, nesse aspecto, que se um setor puder alterar o orçamento sem aprovação formal, este orçamento será meramente uma projeção, e não um programa de trabalho, não podendo ser usado para avaliação e controle porque, no final do período, os resultados reais serão iguais ao orçamento revisto. O impacto da estrutura organizacional no processo orçamentário é discutido no próximo item.

Impacto do desenho organizacional e estrutural da empresa no processo orçamentário

A adaptação organizacional à necessidade de se cumprirem as metas orçamentárias, a definição de autoridade e responsabilidade e a organização do sistema de informações que reproduza tal estrutura são temas que apresentam significativa interseção com questões organizacionais da empresa. Isso faz com que as empresas busquem consistir o orçamento com sua estrutura organizacional, desenhando sua estrutura orgânica visando atender às metas orçamentárias, e procurem definir autoridade e responsabilidade compatíveis com o desempenho programado para as equipes.

Quanto a essas dimensões estruturais do planejamento e controle de resultados, Welsch (1993) afirma que, para aumentar sua eficiência administrativa, as empresas devem ser estruturalmente desagregadas em subunidades organizacionais a cujos gestores serão atribuídas autoridades e responsabilidades específicas pelas atividades operacionais correspondentes.

Horngren, Foster e Datar (2000) homologam tal procedimento comentando que a estrutura das empresas deve ser organizada visando ao cumprimento das metas orçamentárias, atribuindo-se responsabilidades aos gestores pelas mesmas. Citam a dificuldade em se avaliar a responsabilidade individual dentro de uma decisão de equipe e mencionam que alguns presidentes de empresas, alternativamente, preferem o compartilhamento do risco com fatores fora de controle sendo levados em conta quando da avaliação do desempenho dos gerentes. As metas orçamentárias são estabelecidas às unidades organizacionais, que são compostas de pessoas. A participação dessas equipes é apresentada no próximo item.

Participação das equipes no processo orçamentário

Preenchendo a estrutura organizacional haverá pessoas, e esse fato gera um impacto relevante no processo orçamentário. Horngren, Foster e Datar (2000) ressaltam que orçamentos não são uma panacéia e que as técnicas orçamentárias, por si sós, apesar de serem isentas de emoções como um mero instrumento mecânico, são aplicadas por pessoas, o que torna o fator humano uma parte crucial no processo. Esses autores comentam que o apoio da alta administração é fundamental para a obtenção da participação ativa dos demais gestores, que os orçamentos auxiliam os gerentes em todos os níveis e que não devem ser administrados rigidamente, pois mudanças de condições exigem mudanças de planos.

Anthony e Govindarajan (2002), por sua vez, concordam que a alta administração deve participar ativamente da aprovação e da revisão dos orçamentos para evitar que se "brinque" com o sistema (orçamentos de fácil execução ou tolerância exagerada para possíveis contingências). A alta administração deve também acompanhar a execução orçamentária para tornar o sistema orçamentário uma ferramenta eficaz na motivação das equipes. Aduzem que em algumas empresas o executivo-chefe decide sem que exista uma comissão de orçamento (membros da alta administração que revisam e aprovam/ajustam cada orçamento) e ressaltam que o desenvolvimento do plano estratégico não envolve, geralmente, executivos de centros de responsabilidade de níveis mais baixos na organização, diferente da elaboração do orçamento.

Aqui se realça a figura do gerente num processo de gestão participativa, quando conceituam que o orçamento é um plano gerencial com a hipótese implícita de que serão tomadas providências positivas pelo executivo que elabora o orçamento para que a realidade corresponda ao plano proposto e aprovado. Em contraste, a projeção é meramente uma previsão daquilo que provavelmente acontecerá, sem qualquer implicação de que seu autor tente moldar os eventos para cumpri-la, conforme anteriormente comentado.

Os processos orçamentários podem originar-se de cima para baixo (*top down*), quando a alta administração define o orçamento para os níveis inferiores da estrutura organizacional, o que leva a uma falta de empenho dos setores orçados no cumprimento das metas; ou de baixo para cima (*bottom up*), quando os executivos dos níveis mais baixos da estrutura organizacional participam da definição das metas orçamentárias, o que pode resultar em metas muito fáceis de se alcançar ou que não condigam com os objetivos maiores da empresa.

Um critério alternativo e, talvez, mais adequado de elaboração é a combinação dos dois processos: os setores preparam o primeiro esboço (proposta orçamentária) de baixo para cima, todavia, dentro de parâmetros estabelecidos pelos níveis superiores da empresa (de cima para baixo). A experiência tem demonstrado que a participação das equipes na elaboração dos orçamentos tem efeitos positivos na motivação dos executivos (metas propostas e não impostas), sendo vantajosa quando a empresa opera em ambientes de alta incerteza (Anthony e Govindarajan, 2002:476).

Quanto a esses aspectos comportamentais, Welsch (1993) menciona que a motivação dos recursos humanos de uma empresa por meio de uma liderança dinâmica é um elemento essencial para uma administração eficaz. Diz, ainda, que a aversão à aferição do próprio desempenho, a preferência por abordagens menos formais e a falta de compreensão dos planos da empresa levam a um comportamento de resistência das pessoas ou equipes ao processo de planejamento e controle. Por outro lado, a orientação para objetivos é típica de indivíduos ambiciosos e competentes e esses, normalmente envolvidos no processo de gestão, desejam identificar claramente o que se espera deles. Esse autor defende que a tomada de decisões administrativas compreende a manipulação das variáveis controláveis e o aproveitamento dos efeitos das variáveis não-controláveis, e cita, a propósito, as teorias do mercado (decisões reativas) e do planejamento e controle (decisões proativas) como filosofias opostas de abordagem do futuro dos negócios pelos administradores. Explana, ainda, que a função de planejamento e controle deve variar em termos de amplitude e intensidade de acordo com o nível de atuação na administração, desde o cargo mais alto (mais tempo em planejamento) aos mais baixos (mais tempo em controle), propiciando a administração com participação. A seguir apresentaremos as funções do gestor do processo orçamentário, que é de extrema valia para obtermos os aspectos comportamentais mencionados neste parágrafo.

O gestor do processo orçamentário

O gestor orçamentário deve acompanhar constantemente a elaboração do orçamento pelos diferentes centros de responsabilidade, de forma a evitar erros. Outro fator importante diz respeito à participação efetiva desse gestor do orçamento, que deve estar preparado para assumir diversas responsabilidades nesse processo da elaboração. A integração dos orçamentos setoriais é o elo inicial para consolidação do orçamento final, garantindo sua consistência com as premissas definidas pela alta administração.

Anthony e Govindarajan (2002) propõem que o fluxo das informações de um sistema de controle orçamentário seja administrado por um ente subordinado ao *controller* da matriz. Esse ente teria as seguintes funções:

- editar procedimentos e formulários para a elaboração do orçamento;
- coordenar e publicar as hipóteses da matriz que devem ser consideradas nos orçamentos, como, por exemplo, as conjeturas sobre a economia;
- assegurar que as informações sejam adequadamente comunicadas a todos os setores da organização;
- dar assistência a todos os setores para a elaboração de seus orçamentos;
- examinar os orçamentos propostos e fazer recomendações aos setores que os elaboraram e à alta administração;
- controlar o processo de revisão do orçamento durante o ano;
- coordenar o trabalho dos departamentos de orçamentos das unidades abaixo da matriz;
- comparar o desempenho real com o desempenho orçado, interpretar resultados e preparar resumos para a alta administração.

O gestor orçamentário deve analisar os orçamentos pormenorizadamente, assegurar-se de que foram elaborados adequadamente e de que as informações são acuradas e não contêm "gorduras", além de mover-se numa estreita faixa entre auxiliar os executivos de linha e zelar pela integridade do sistema orçamentário. Para tais funções, segundo Anthony e Govindarajan (2002), a equipe do departamento de orçamentos deve ter reputação de imparcialidade e justiça, ao mesmo tempo em que deve ter habilidade para tratar com pessoas. Para que esse processo flua sem atrito o gestor terá de organizar o processo orçamentário, assunto do próximo item.

Organização do processo orçamentário

Um resumo do processo de gestão do orçamento pode ser inspirado em Horngren, Foster e Datar (2000), quando eles lembram que a maioria das empresas adota etapas básicas comuns:

- possuem um manual com instruções para a elaboração dos orçamentos;
- divulgam dados básicos e condições que nortearão a preparação das informações orçamentárias;
- iniciam o processo pelo orçamento de receitas, seguido pelo de produção, custos, estoques e despesas;
- fazem uso de simulações com auxílio de recursos de informática, gerando modelos de planejamento financeiro que são representações matemáticas das relações entre as atividades que serão desenvolvidas a partir dos planos da empresa.

A obtenção dos dados básicos é assunto dos dois próximos itens. A partir desses dois itens, os remanescentes são temas que auxiliam na composição do manual do orçamento.

Técnicas de projeção

Normalmente, aqueles que se ocupam da elaboração de orçamentos anuais ou plurianuais apóiam-se, preliminarmente, na história, ou seja, na experiência passada, o que pressupõe uma empresa estática, parada no tempo. Por outro lado, o estabelecimento das metas poderá ser baseado mais nos objetivos fixados do que na extrapolação do desempenho passado, posto que, muitas vezes, deseja-se mudar o rumo e a posição da empresa no mercado em que atua.

Para as projeções orçamentárias, alguns profissionais desdenhavam o "método incremental" ou base histórica (leva em conta os níveis de despesas existentes) que, a despeito disso, apresenta praticidade e agilidade na elaboração do orçamento. Na década de 1970 surgiu a idéia do orçamento base zero (OBZ), que implica uma análise integral e justificativa das despesas de cada centro de responsabilidade,[1] requerendo um tempo adicional para investigar a real necessidade do gasto, o que recomenda esse método para os novos produtos, processos, mercado etc.

As técnicas de projeções nos levam a estabelecer padrões, que são premissas orçamentárias. De certa maneira, o padrão é uma forma de comunicar o *modus operandi* esperado pela alta administração, assunto do próximo item.

Estabelecimento de premissas e padrões orçamentários

Devem-se determinar os parâmetros (inflação, políticas sobre o quantitativo e remuneração do pessoal etc.) que servirão para nortear a elaboração do orçamento pelas diferentes equipes. Esses critérios e padrões de procedimentos a serem adotados, bem como os formulários e planilhas eletrônicas a serem preenchidos, devem ser divulgados especificando-se o conteúdo e a forma dos dados que cada pessoa com responsabilidade orçamentária utilizará.

Tais parâmetros devem corresponder aos adotados regularmente pela empresa para acompanhar seu desempenho. Exemplo: volume em quantidade por quilograma, tonelada, metro cúbico ou peça; valores em reais, dólares ou outra moeda; em qual mês-base estão "alinhados" os valores ou paridades monetárias; detalhamento mensal, trimestral, semestral ou anual; somatórios horizontais, verticais ou ambos; conteúdo/especificação do detalhamento dos dados (quais naturezas de gasto, receita por produto/região etc.); quem pode aprovar as informações preenchidas nas planilhas/formulários.

---

[1] Centro de responsabilidade é uma unidade organizacional sob a responsabilidade de um gerente. No capítulo 3 apresentamos uma descrição detalhada sobre centros de responsabilidades.

O ambiente macroeconômico cogita o estudo do sistema financeiro, a evolução dos índices inflacionários e as políticas que serão praticadas pelos governos federal, estadual e municipal para influenciar o nível de atividade econômica. Contempla, muitas vezes, os principais indicadores econômico-financeiros, como produto interno bruto (PIB), índice nacional de preços ao consumidor (INPC), índice geral de preços do mercado (IGPM), índice nacional de preços ao consumidor amplo (IPCA), câmbio, taxa do Sistema Especial de Liquidação e de Custódia (Selic), comportamento do mercado, taxa de juros etc., conforme exemplo apresentado na tabela.

CENÁRIO MACROECONÔMICO
ÍNDICES ECONÔMICOS

Mês	Ufir	TR	IGPM (FGV)	Salário mínimo	Dólar	Dissídio	Taxa *over* (%)	Títulos de renda (%)	Emprest. internos (%)	Emprest. externos (%)
Dez.	318	0,5	110	100	0,95	–	0,7	1	1,5	0,9
Jan.	318	0,5	110	100	0,95	–	0,7	1	1,5	0,9
Fev.	318	0,5	110	100	0,95	–	0,7	1	1,5	0,9
Mar.	320	0,5	110	112	0,95	–	0,7	1	1,5	0,9
Abr.	322	0,51	112	112	0,96	–	0,7	1	1,5	0,9
Maio	322	0,51	112	112	0,96	–	0,7	1	1,5	0,9
Jun.	322	0,52	112	112	0,97	–	0,7	1	1,5	0,9
Jul.	322	0,52	115	112	0,97	30	0,7	1	1,5	0,9
Ago.	323	0,52	115	112	0,97	–	0,7	1	1,5	0,9
Set.	324	0,52	118	112	0,98	–	0,7	1	1,5	0,9
Out.	324	0,53	118	112	1,00	–	0,7	1	1,5	0,9
Nov.	330	0,54	119	112	1,04	–	0,7	1	1,5	0,9
Dez.	345	0,55	120	112	1,06	–	0,7	1	1,5	0,9

Em seguida, precisamos preparar um manual visando orientar como devem, a partir das premissas, ser elaboradas as propostas orçamentárias pelas diversas equipes que participarão do processo orçamentário. Esse manual deve conter todos os passos de forma clara e objetiva, contemplando um esclarecimento sobre a importância do orçamento. Os primeiros tópicos a se considerarem no manual são a seqüência e as simulações do orçamento, assunto discutido a seguir.

Seqüência de preparação e simulações do orçamento

A primeira pergunta a se responder na preparação orçamentária é por onde começar. Qual deve ser o primeiro item orçamentário, ou orçamento operacional, a ser elaborado? Anthony e Govindarajan (2002) afirmam que a receita, isto é, projeção das quantidades estimadas de vendas multiplicadas pelos preços de venda esperados, é o primeiro item a ser orçado porque influencia as estimativas de muitos outros itens, e ressaltam que, de todos os componentes de um orçamento de resultados, esse é o mais crítico e está sujeito a maiores incertezas, diferindo entre as empresas.

Empresas com restrição de produção/entrega de seus produtos/serviços têm mais precisão em suas projeções de vendas do que aquelas cujos volumes estão sujeitos a incertezas do mercado. Ao mesmo tempo, a existência das restrições mencionadas por esses autores pode levar empresas a iniciar seu processo orçamentário a partir de outros pontos de estrangulamento de suas atividades, como capacidade de distribuição/entrega, tecnologia disponível, capacidade de investimento.

Uma alternativa para iniciar o processo orçamentário é começar por um orçamento preliminar, vinculado à estratégia da empresa, em que os executivos dos centros de responsabilidade, auxiliados por seu pessoal, elaborem um orçamento prévio inspirado na situação existente, modificada de conformidade com os parâmetros previamente aprovados. Cada encarregado do seu próprio orçamento debate-o com seu superior hierárquico, que julga a validade de cada pormenor. Este é o cerne do processo. Geralmente, o conceito que pauta a elaboração do orçamento é que o desempenho no ano orçado deve ser superior ao do ano em curso. Esses orçamentos preliminares são consolidados e analisados em termos de consistência e adequação ao desempenho desejado pelos níveis superiores da estrutura organizacional. Essa proposta orçamentária prévia serve para dar uma idéia inicial de como a empresa estará no período orçado, viabilizando uma aprovação preliminar dos planos propostos, que serão detalhados posteriormente com a participação mais intensa das diferentes áreas da empresa.

Já quanto à organização do processo orçamentário, Welsch (1993) sugere que a preparação de um plano de resultados geralmente é um processo de construção, reavaliação, demolição e reconstrução que se desenvolve até eleger-se o melhor plano possível, o que leva a aprovações provisórias e gradativas dos planos. Anthony e Govindarajan (2002) ressaltam que a construção e a manipulação de situações, via ferramentas de informática, permitem à alta administração analisar o efeito de diferentes alterações quase instantaneamente. Tais modelos de simulação requerem tempo e testes antes de serem utilizados, quer sejam personalizados ou não, os quais exigem adaptações às características das empresas.

Depreende-se pelas idéias aqui propostas que as empresas devem contemplar, nas etapas iniciais de seu processo orçamentário, um manual com orientações sobre esse processo, as premissas básicas que nortearão os diversos orçamentos, com uma visão prévia dos resultados orçados, que iniciem o processo pelo "gargalo" da atividade da empresa (normalmente vendas), que avaliem a utilização de técnicas alternativas como o método incremental ou o orçamento base zero e que realizem simulações a partir de diferentes cenários para o período orçado.

O próximo passo é determinar quem deve elaborar o orçamento, assunto a ser discutido no próximo item.

Quem deve elaborar o orçamento

O planejamento deve constituir-se em um esforço coordenado, não sendo produto de uma só pessoa. Deve-se pulverizar o trabalho para comprometer a equipe com os resultados desejados. Para muitos, o planejamento é uma previsão feita pela administração superior, e não um plano elaborado, cuidadosamente, por todos os níveis da administração. O sistema orçamentário somente irá operar com sucesso se as pessoas que tenham responsabilidade orçamentária tiverem participação ativa no estabelecimento das metas a serem atingidas, e a boa prática recomenda que alguns níveis, senão todos, da administração da empresa participem do estabelecimento dos orçamentos. Se este princípio não for seguido, o sucesso do orçamento como uma ferramenta da gerência ficará prejudicado, pois não haverá comprometimento da equipe com os resultados a serem alcançados.

A preparação do orçamento fica a cargo de pessoas diferentes, sem, no entanto, perder-se sua integração e consistência. A consolidação dessas informações é feita, normalmente, por equipe da diretoria financeira da empresa. Para dar seqüência aos itens que deverão compor o manual para elaboração dos orçamento, há que se determinar como deve ser elaborado o orçamento, o que é apresentado a seguir.

Após a proposta orçamentária há uma idéia inicial de como a empresa estará no período orçado, viabilizando uma aprovação preliminar dos planos propostos. Esses planos serão detalhados a seguir com a participação mais intensa das diferentes áreas da empresa.

Como deve ser elaborado o orçamento

Deve-se confeccionar um cronograma visando coordenar os trabalhos de elaboração dos orçamentos pelos seus diversos responsáveis, em que sejam definidas claramente as informações a serem preparadas, as datas (partindo-se da conclusão para o início) e os responsáveis pela conclusão/ entrega das mesmas. Ressalte-se que o estabelecimento do cronograma requer um processo de negociação com os setores envolvidos quanto às datas de finalização dos trabalhos, tendo em vista os prazos de aprovação do mesmo pela diretoria e sua conseqüente divulgação para toda a empresa. Os quadros 1 e 2 explicitam exemplos de cronogramas supramencionados.

Quadro 1

EXEMPLO RESUMIDO DE UM CRONOGRAMA ORÇAMENTÁRIO

Data de conclusão	Responsável	Tarefa
Dia/mês/ano	Diretoria comercial	Orçamento comercial
Dia/mês/ano	Diretoria industrial	Orçamento de produção
Dia/mês/ano	Diretoria administrativa	Orçamento de administração
Dia/mês/ano	Gestor de orçamento	Consolidação e análise
Dia/mês/ano	Diretoria	Exame preliminar e orçamento
Dia/mês/ano	Gestor de orçamento	Simulações e alterações
Dia/mês/ano	Conselho de administração	Exame e aprovação de orçamento
Dia/mês/ano	Gestor de orçamento	Divulgação de orçamento

Após confeccionar o cronograma, há uma visão clara das tarefas e datas das atividades a serem empreendidas de forma a elaborar o orçamento pelos vários setores. Para a alta administração há, contudo, o desejo de verificar como a execução desses planos afetará os resultados econômico-financeiros da empresa. Dessa forma, precisa consolidar essas propostas orçamentárias, que é o assunto do próximo item.

Quadro 2

EXEMPLO DETALHADO DE UM CRONOGRAMA ORÇAMENTÁRIO

P = PREVISTO
R = REALIZADO
A = ATRASO

CRONOGRAMA DE ATIVIDADES PARA ELABORAÇÃO DO ORÇAMENTO

Mês/Dia		OUTUBRO					NOVEMBRO																													
ATIVIDADES		S	T	Q	Q	S	S	D	S	T	Q	Q	S	S	D	S	T	Q	Q	S	S	D	S	T	Q	Q	S	S	D	S	T	Q	Q	S	S	D
		27	28	29	30	31	1	2	3	4	5	6	7	8	9	10	11	12	13	14	15	16	17	18	19	20	21	22	23	24	25	26	27	28	29	30
1) Preparação planilhas	P	27	28	29	30	31	S	D																												
para preenchimento	R	R	R	R	R	R	A																													
2) Elaboração do cenário	P								3	4	5	6	7	S	D																					
macroeconômico	R								R	R	R	R	R																							
3) Formação dos times	P										5																									
do orçamento por área	R										R	A	A																							
4) Treinamento para os	P															10	11																			
líderes dos times	R															R	R																			
5) Início da elaboração	P																	12	13	14	S	D	17	18	19	20	21									
dos orçamentos pelos times	R																	R	R	R			R	R	R	R	R									
6) Respostas às dúvidas	P																	12	13	14	S	D														
que surgirem	R																	R	R	R																
7) Adequações caso	P																		13	14	S	D	17													
necessário às planilhas	R																		R	R			R													
8) Entrega das planilhas	P																										21	S	D							
preenchidas c/ metas	R																										R	A	A							
9) Análise técnica e vin-	P																													24	25	26	27	28		
culação ao global	R																													R	R	R	R	R		
10) Preparação da 1ª versão	P																																	28	S	D
para a diretoria	R																																	R		

Mês/Dia		DEZEMBRO																							
ATIVIDADES		S	T	Q	Q	S	S	D	S	T	Q	Q	S	S	D	S	T	Q	Q	S	S	D	S	T	Q
		1	2	3	4	5	6	7	8	9	10	11	12	13	14	15	16	17	18	19	20	21	22	23	
11) Apresentação da	P	1	2																						
1ª versão para a diretoria	R	R	R																						
12) 1ª revisão c/ times	P			3	4	5																			
conforme diretoria	R			R	R	R	S	D																	
13) Apresentação da	P								8																
nova versão	R								R																
14) Revisão c/ times	P									9	10														
conforme diretoria	R									R	R														
15) Aprovação da ver-	P											11	12												
são final	R											R	R	S	D										
16) Emissão dos	P															13									
relatórios finais	R															R									

Consolidação das propostas orçamentárias

O orçamento geral é a consolidação dos orçamentos individuais e interdependentes. No capítulo seguinte será apresentado, entre outros temas, o processo de consolidação do orçamento. Para atender à consolidação e ao acompanhamento orçamentário, é necessário organizar um plano de contas contábil e um de contas orçamentário. Para poder responder adequadamente à função de instrumento de controle de gestão, a contabilidade analítica deverá ser estruturada de acordo com a configuração do orçamento. A figura 1 sintetiza esse entendimento.

Figura 1

CONTABILIDADE E ORÇAMENTO

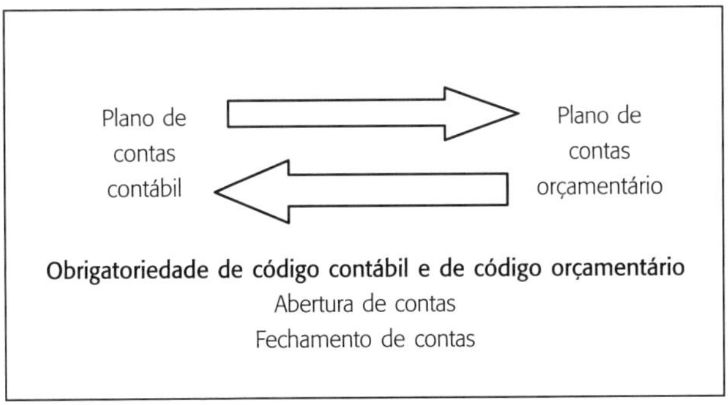

É evidente que, sob essa ótica, a contabilidade analítica deve ser estruturada de forma a responder às exigências anteriormente evidenciadas. A estruturação do plano de contas da contabilidade analítica deverá, portanto, ser tal que permita um confronto imediato entre os dados orçados e os reais, bem como a análise dos respectivos desvios, e possibilite, ainda, a comparação dos resultados econômico, financeiro e patrimonial, que compõem a consolidação dos diversos orçamentos operacionais setoriais. Ao se efetuar a consolidação, deve-se verificar a congruência de todos os orçamentos setoriais entre si, conforme resume a figura 2.

Figura 2

A ESTRUTURA DA CONTABILIDADE ANALÍTICA E DO ORÇAMENTO

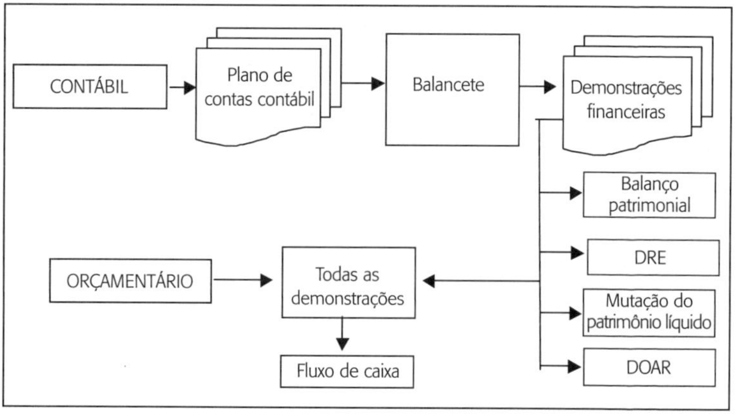

Uma vez realizado o orçamento, há que se acompanhar sua implementação, isto é, a sua execução. Esse assunto é discutido a seguir.

Acompanhamento da execução orçamentária

Muitas vezes as empresas incorrem num erro no qual o orçamento deve ser tratado com um evento pontual: você faz um monte de trabalho, aperta um botão e pronto, fim do problema, tudo esquecido até o próximo ano. Longe de ser uma atividade esporádica, o processo orçamentário exige esforço contínuo, às vezes com intensidade cíclica: é necessário comparar os valores reais com os planejados, ao longo do período, para análise e revisão das projeções, caso necessário. O capítulo final deste livro abordará esse tema.

Para melhor compreender essa matéria, o orçamento, apresentaremos a seguir pesquisas recentes sobre esse assunto. O objetivo é inferir sobre tendências a novos procedimentos orçamentários.

Tendências de novos procedimentos orçamentários

Entre as pesquisas recentes que abordaram de maneira abrangente a prática de orçar, dois trabalhos se destacam e têm sido constantemente citados por outros autores como uma importante referência a ser considerada: o estudo realizado por Cress e Pettijohn (1985) e o realizado por Umapathy (1987), além de artigos publicados na *Accounting Review, Management Accounting* e na *Accounting Organization and Society*.

A pesquisa conduzida por Umapathy (1987) revelou que a maioria das empresas norte-americanas utiliza procedimentos de controle orçamentário e regularmente compara os resultados orçados com os realizados. Apesar de serem amplamente aceitos e intensamente utilizados em muitas empresas por vários anos, e de os gerentes investirem considerável tempo e energia na preparação e no uso de orçamentos, sabe-se muito pouco sobre procedimentos orçamentários, os quais são considerados uns dos mais complicados processos contábeis.

A despeito de tal complexidade, as pesquisas sobre procedimentos orçamentários praticados pelas empresas abordam, na maioria das vezes, apenas um ou outro aspecto do tema. Cress e Pettijohn (1985), ao pesquisarem este assunto, encontraram 16 estudos, dos quais apenas cinco cobriam os procedimentos de planejamento e controle orçamentários com um enfoque mais completo.

Esses autores queriam saber se os significativos avanços tecnológicos ocorridos nas áreas de informática, pesquisa operacional, teoria de sistemas e nas ciências comportamentais estavam sendo utilizados para melhorar a gestão dos negócios, em geral, e, em particular, o processo orçamentário. Tais avanços tecnológicos haviam gerado potenciais benefícios que poderiam ser aproveitados na melhoria dos processos administrativos, porém pouco se sabia sobre seus efeitos nas empresas americanas devido à falta de pesquisas com enfoque mais abrangente. Também intentaram verificar se havia diferenças significativas entre os procedimentos recomendados pela literatura e os que eram praticados pelas empresas.

Duas importantes considerações foram reveladas nesse estudo: enquanto havia numerosas pesquisas empíricas com um único tópico sobre as práticas orçamentárias, existia um significativo vazio em nosso conhecimento das normas e dos procedimentos adotados pelos praticantes de orçamento; e, nos limites dos tópicos pesquisados, os resultados das pesquisas indicavam sempre existir uma lacuna entre os procedimentos expressos na literatura e os colocados em prática.

A partir dessas constatações, Cress e Pettijohn (1985) projetaram sua pesquisa para preencher o "vazio em nosso conhecimento" e para determinar se efetivamente havia a "lacuna" entre a literatura e a prática. Os resultados obtidos mostraram que, embora as respostas indicassem que as empresas praticavam as técnicas orçamentárias recomendadas, em alguns casos isso não ocorria. Isto revelou que havia resistência em incorporar algumas ferramentas novas e úteis, como considerar a opinião dos gerentes sobre seu papel no processo orçamentário e, também, usar técnicas estatísticas.

As conclusões desses autores foram que a formalização no processo orçamentário era comum e que havia uma diferença significativa entre desenvolver e implementar idéias novas, principalmente onde houve melhorias nos processos de gestão empresarial que não foram amplamente aproveitadas no processo orçamentário.

Umapathy (1987), por sua vez, documentou os procedimentos orçamentários em empresas de médio e grande portes. Adicionalmente, procurou:

- viabilizar a comparação das práticas orçamentárias em diferentes empresas;
- descrever as qualificações e experiências dos gestores orçamentários;
- comparar os resultados de sua pesquisa com os obtidos por Sord e Welsch em 1958 (Umapathy, 1987);
- determinar a relação entre os procedimentos orçamentários com a filosofia de gestão e o porte da empresa;
- analisar a implicação de práticas orçamentárias no sucesso dos empreendimentos;
- apresentar um modelo abrangente sobre procedimentos orçamentários;
- discutir as implicações desse estudo com acadêmicos e profissionais relacionados ao tema.

Um questionário foi endereçado às empresas participantes contemplando 45 questões divididas em cinco seções: características da empresa, filosofia de gestão, planejamento a longo prazo, orçamento e gestor do processo orçamentário. Foram obtidas 402 respostas aos 1.006 questionários encaminhados a diversas empresas como bancos, prestadoras de serviço, hospitais, fábricas, atacadistas, financeiras e outras. Quase todos (97%) respondentes tinham um processo formal de programação orçamentária. A partir desses dados, puderam ser resumidas as principais crenças dos administradores quanto aos procedimentos orçamentários adequados à filosofia de gestão adotada pela empresa. Observou-se que a adoção da participação dos gerentes no processo orçamentário, entre outros procedimentos, cria compromisso com a consecução das metas orçamentárias estabelecidas pela alta administração. Também foi observado que, apesar de três quartos das empresas declararem usar planejamento de longo prazo, há uma preferência por planos com horizontes de prazo mais curto. Tal predisposição, em alguns casos, faz com que os planos de longo prazo não passem de extrapolação dos de curto prazo.

Quanto às conclusões dessa pesquisa, os resultados indicaram que as crenças dos principais administradores de cada empresa sobre como a companhia devia ser gerida determinavam os procedimentos orçamentários. Também foi observado que o orçamento era utilizado pela alta administração para comunicar as metas da empresa e obter compromisso dos gerentes com as mesmas. Outras observações relevantes foram que havia uma predisposição para planos de curto prazo, a despeito da importância de um processo de reflexão estratégica, e que o processo orçamentário constituía-se numa das ferramentas de gestão que mais exigiam tempo e dedicação dos principais gerentes da organização. Umapathy (1987) concluiu também que havia uma correlação entre as características da empresa e seus procedimentos orçamentários, que empresas de sucesso adotavam práticas orçamentárias diferentes de outras e que um modelo conceitual de práticas orçamentárias poderia ser estabelecido a partir dos resultados da pesquisa.

Enriquecendo a análise das tendências dos processos orçamentários, Anthony e Govindarajan (2002) entendem que cada grandeza no orçamento é uma estimativa, isto é, a grandeza com mais probabilidade de acontecer. Para o planejamento, pode ser mais útil uma faixa de grandezas possíveis (otimista, provável e pessimista), obtida por modelos de cálculo de probabilidade (processo chamado de Monte Carlo) que geram um trabalho considerável e que raramente são aplicados na prática. Além disso, apesar de as técnicas matemáticas e de os computadores aperfeiçoarem o processo de elaboração do orçamento, segundo esses autores, isso não resolve os críticos problemas de controle orçamentário que estão ligados ao comportamento humano.

Há, porém, opositores que questionam a validade dos modelos de planejamento e controle que vêm sendo utilizados pelas empresas. Hope e Fraser (2003) afirmam que esse modelo orçamentário tradicional reforça e perpetua os processos de gestão inflexíveis e centralizadores e incentiva os gestores a manipularem seus planos orçamentários, assim como sua execução, adiando ou antecipando a realização de eventos, tendo em vista as metas orçamentárias. Usam os casos da WorldCom, da Enron e do Barings Bank como exemplos do fracasso do processo orçamentário rígido. Sugerem que as empresas se abstenham de praticar tal modelo orçamental, substituindo-o pelo que chamam de *beyond budgeting*, que estabelece metas relativas e não-fixas, estimula as equipes a assumirem riscos e a focarem a criação de valor e descentraliza o processo decisório.

Frezatti (2005), analisando essa proposta de gestão flexível, sem a existência de um orçamento anual nas empresas, e comparando-a com o modelo orçamentário dito "tradicional", conclui que as limitações desse processo não devem ensejar sua eliminação, mas sim seu aperfeiçoamento. Ele conclui que os problemas muitas vezes são oriundos da má utilização do instrumento. Argumenta também que as soluções propostas por Hope e Fraser (2003) passam por recomendações já tratadas por autores clássicos. Por fim, sugere que o uso do orçamento por meio da abordagem flexível harmoniza, mais facilmente, as necessidades da empresa sem criar novos riscos.

Horngren, Foster e Datar (2000) afirmam que o orçamento é uma disciplina em transição, para a qual surgem continuamente novas propostas. Dão como exemplo o fato de os defensores de mudanças no processo orçamentário tradicional condenarem a confiança excessiva na extrapolação de tendências históricas e os cortes percentuais fixos e lineares aos orçamentos com resultados inaceitáveis, entre outras críticas. Propõem os autores que se vincule o orçamento explicitamente à estratégia da empresa e que se efetivem reduções de gastos com bases em análises das atividades desenvolvidas, entre outras sugestões.

Este capítulo descreveu as vantagens do uso do orçamento como uma técnica de planejamento. Apresentou o uso do orçamento como uma técnica de gestão, as etapas do processo orçamentário, a natureza do orçamento, as premissas exigidas e outros itens. O objetivo foi introduzir o leitor no orçamento e subsidiá-lo na implantação e operação do mesmo na organização. No próximo capítulo, o leitor, por meio de exemplos, irá aprender como se consolidam as informações operacionais em informações financeiras. Em outras palavras, como se realiza a elaboração orçamentária.

2 Elaboração do orçamento

O objetivo deste capítulo é apresentar como os orçamentos das diversas áreas da empresa devem ser elaborados e consolidados. Em outras palavras, partindo-se das informações operacionais, como se obtêm as informações financeiras de balanço pró-forma; demonstração de resultado pró-forma; demonstração da variação do patrimônio líquido pró-forma e fluxo de caixa pró-forma. O uso do termo "pró-forma" é devido estarmos lidando com informações projetadas, sejam elas operacionais ou financeiras. Dessa maneira, inicialmente apresentaremos a elaboração orçamentária por meio de exemplos: um referente a uma empresa industrial e outro relativo a uma empresa comercial.

Orçamento: elaboração e consolidação

A elaboração do orçamento se dá antes do início do ano orçado, às vezes meses antes. Esse procedimento proporciona tempo suficiente para que todo o processo possa ser analisado, discutido, aprovado e distribuído a todos os centros de responsabilidade, quer para setores da organização, quer para vendas, produção etc.

O orçamento que consolida os planos da empresa é, normalmente, elaborado para um ano, podendo ser subdividido em orçamentos mensais ou detalhado mensalmente no primeiro trimestre e totalizado nos trimestres seguintes. Orçamentos contínuos, usados por algumas empresas, adicionam um mês ou trimestre à frente quando o mês ou trimestre se encerra.

O orçamento geral pode ser subdividido em operacional e financeiro. O processo de elaboração apresenta, a seguir, as etapas básicas, de forma que os orçamentos operacionais se consolidem em financeiros.

O orçamento operacional contempla os orçamentos de vendas, de produção e de despesas. O orçamento de produção pode ser subdividido em orçamento de materiais, mão-de-obra direta, custos indiretos de produção e custos dos produtos vendidos. O orçamento de despesas contempla as despesas administrativas, comerciais, financeiras, entre outras. O orçamento financeiro consolida o fluxo operacional da empresa e pode ser subdividido em orçamento de caixa, demonstração de resultado e balanço projetado.

Para elucidar o processo orçamentário, o caso ilustrativo da Indústria Têxtil São José Ltda. será utilizado como forma de apresentar a preparação de todos os orçamentos parciais. Apesar de normalmente o orçamento ser realizado para um escopo de tempo de um ano, utilizaremos, neste exemplo, um período de três meses. Acreditamos que, havendo menos cálculos a fazer, o leitor poderá se concentrar nos conceitos.

❑ Exemplo Indústria Têxtil São José Ltda.

A Indústria Têxtil São José Ltda., Divisão de Colchas, produz dois tipos de colcha: casal e solteiro. Suas vendas se concentram em três estados: São Paulo, Rio de Janeiro e Minas Gerais. Sua matéria-prima é comprada no Nordeste (algodão) e em São Paulo (tinta). A Divisão de Colchas está iniciando seu orçamento para o próximo ano (20x1) e a estimativa de venda por produto e outras informações relevantes para janeiro a março são apresentadas a seguir.

- **Vendas estimadas para os três primeiros meses de 20x1**

A Indústria Têxtil São José Ltda. prevê um aumento de 10% no volume de vendas para 20x1 e projeta a venda do primeiro trimestre de acordo com o histórico de vendas observado em 20x0. O preço previsto para a colcha de casal é R$ 250 e para a de solteiro, R$ 150.

Produto	Vendas	Previsão de venda para jan./mar. 20x1						
	20x0	Total 20x1	Jan.	Fev.	Mar.	Abr.	Maio	Jan./mar.
Colcha de casal	6.000	6.600	570	500	600	650	580	1.670
Colcha de solteiro	8.000	8.800	760	600	800	840	750	2.160

Política de recebimentos — as vendas realizadas são recebidas 20% à vista, 40% em 30 dias e 40% em 60 dias. As vendas em novembro e dezembro de 20x0 são:

Produto	Novembro		Dezembro	
	Quantidade	Valor (R$)	Quantidade	Valor (R$)
Colcha de casal	400	100.000	350	87.500
Colcha de solteiro	600	90.000	500	75.000
Valor total		190.000		162.500

- **Padrão de produção e previsão de custo de compra**

Para produzir as colchas de casal e solteiro são necessários os seguintes insumos:

Produto	Insumo		
	Algodão (kg)	Tinta (galão)	Mão-de-obra (h)
Colcha de casal	2	2	5
Colcha de solteiro	1	1	4
R$/unidade	30,00	10,00	2,00

Obs.: O custo com a mão-de-obra direta é pago no mês que ocorre. Assim, o custo com a mão-de-obra de janeiro será pago em janeiro etc.

❑ Políticas de compras e estoques

Compras — os materiais diretos são comprados mensalmente, de acordo com a necessidade de produção e a política de estoque da empresa. O pagamento é efetuado sempre no mês seguinte à compra.

Estoque de materiais diretos — a Indústria Têxtil São José Ltda. mantém estoque de materiais correspondente a 15 dias de produção do mês seguinte. O estoque inicial de materiais diretos para o ano de 20x1 é:

Materiais diretos	Quantidade	Valor (R$)
Algodão	800 kg	24.000
Tinta	800 galões	8.000
Total		32.000

Estoque de produtos acabados — a política da empresa para o ano de 20x1 é manter um estoque mínimo referente às vendas do mês seguinte.

O estoque inicial de produtos acabado para o ano de 20x1 é:

Produto	Quantidade	Valor (R$)
Colcha de casal	570	81.663,69
Colcha de solteiro	760	68.292,60
Total		149.956,29

❑ Custos indiretos de fabricação

Os custos indiretos de fabricação mensais, rateados com base nas horas de mão-de-obra direta, totalizaram R$ 61.500 e são assim distribuídos:

Descrição	Valor (R$)
Suprimentos	6.200
Mão-de-obra indireta	13.180
Encargos sociais	6.500
Energia	14.120
Manutenção	6.000
Depreciação	12.000
Imposto predial	2.000
Seguros	1.500
Total	61.500

Considere que os custos incorridos são pagos no mesmo mês em que ocorrem, lembrando de deduzir, quando for o caso, a parcela relativa à depreciação, pois esse gasto não é desembolsável.

- **Despesas administrativas**

Essas despesas possuem o desembolso conforme o seu registro no mês, sendo assim discriminadas:

Descrição	Valor (R$)
Suprimentos	1.000
Salário do pessoal de escritório	3.000
Salário dos executivos	16.000
Total	20.000

- **Despesas de vendas**

As despesas fixas de vendas previstas totalizam R$ 9.000 e são assim distribuídas:

Descrição	Valor (R$)
Publicidade	3.000
Salário dos vendedores	4.000
Despesas de viagens	2.000
Total	9.000

A despesa variável de venda prevista é a comissão dos vendedores e está estipulada em 3% do faturamento. Todas as despesas de vendas em um determinado mês são pagas nesse mesmo mês.

- **Investimento**

A empresa planeja adquirir maquinários no valor de R$ 100.000 no primeiro dia útil de janeiro e de R$ 50.000 no primeiro dia útil de fevereiro. O pagamento será no ato da compra.

- **Política de caixa**

A empresa quer ter um saldo mínimo de caixa de R$ 20.000 no final de cada mês. O dinheiro necessário para financiar a demanda de caixa pode ser captado, assim como será pago em múltiplos de R$ 1.000 à taxa de 18% a.a., juros simples. A administração deseja tomar emprestado somente o capital necessário para cobrir o saldo mínimo de caixa que se quer e os pagamentos feitos de acordo com a disponibilidade de caixa. Presuma que os empréstimos ocorram no início de cada mês e os pagamentos, no fim dos meses. Os juros são calculados e pagos junto com o pagamento do principal ou das respectivas parcelas desse montante.

O balanço patrimonial em 31/12/20x0 da Indústria Têxtil São José Ltda., Divisão de Colchas, é apresentado a seguir.

Indústria Têxtil São José Ltda.
Balanço patrimonial
(Valores em R$)

Ativo	31/12/20x0
Circulante	
Caixa	20.000,00
Contas a receber	206.000,00
Matéria-prima	32.000,00
Produto acabado	149.956,29
Permanente	
Terreno	400.000,00
Prédio e equipamento	3.500.000,00

continua

Ativo	31/12/20x0
(–) Depreciação acumulada	(700.000,00)
Total do ativo	**3.607.956,29**

Passivo + PL	
Circulante	
Contas a pagar	70.000,00
Empréstimo	
Principal	
Juros a pagar	
Patrimônio Líquido	
Capital social	3.000.000,00
Lucros acumulados	537.956,29
Total do passivo + PL	**3.607.956,29**

Nos próximos itens serão apresentados os orçamentos operacionais. No caso dessa indústria têxtil, o primeiro orçamento será o de vendas, representado pela projeção da quantidade de venda multiplicada pelos preços de venda esperados, pois influencia as estimativas de outros itens orçados.

Orçamento de vendas

Ao determinarmos o que será vendido, em quantidade e valor monetário, teremos a base para desenvolvermos os demais orçamentos, ou seja, poderemos planejar os recursos necessários para o atendimento dessas vendas.

A programação de produção, níveis de estoque, compras, despesas operacionais, recebimentos, capacidade de pagamentos, orçamento de caixa e orçamento da demonstração de resultados é geralmente determinada pelo nível de atividades de vendas.

A qualidade (fidelidade, precisão) de todo o processo orçamentário está atrelada à qualidade das previsões de vendas efetuadas. Se as vendas forem superestimadas, os orçamentos de produção serão estimados em volume acima das reais necessidades da empresa, ocasionando custos operacionais além do necessário, com reflexo negativo no lucro. Quando as vendas são subestimadas, a empresa se prepara para um nível de operações abaixo de suas reais necessidades, perdendo oportunidades de negócios e lucro pela incapacidade de atender a todos os pedidos de clientes.

A previsão de vendas normalmente é feita sob a supervisão do principal executivo da área de vendas. Existem diversos métodos de previsão de vendas, embora nenhum deles seja absolutamente superior aos demais. Todos eles apresentam vantagens e desvantagens e a escolha de um ou mais métodos está condicionada às características da empresa, dos produtos comercializados, das informações e dos recursos disponíveis, dos tipos de cliente etc.

- EXEMPLO INDÚSTRIA TÊXTIL SÃO JOSÉ LTDA.

Para a elaboração do plano de vendas são consideradas as expectativas da empresa sobre crescimento da economia, inflação, taxa de câmbio, taxa de juros, concorrência, percepção de mercado dos vendedores, gerentes regionais, entre outros. Com base nessas informações espera-se que as vendas apresentem um crescimento de 10% em relação ao realizado em 20x0. O plano de vendas para o próximo ano, considerando as hipóteses enunciadas, é apresentado a seguir.

INDÚSTRIA TÊXTIL SÃO JOSÉ LTDA.
ORÇAMENTO DE VENDAS

Descrição	Jan.	Fev.	Mar.	Jan./mar.
Colcha de casal	570	500	600	1.670
Preço unitário (R$)	250	250	250	250
Receita colcha de casal	142.500	125.000	150.000	417.500
Colcha de solteiro	760	600	800	2.160
Preço unitário (R$)	150	150	150	150
Receita colcha de solteiro	114.000	90.000	120.000	324.000
Receita total	**256.500**	**215.000**	**270.000**	**741.500**

Os valores apresentados na linha "receita total", referentes aos meses de janeiro, R$ 256.500, fevereiro, R$ 215.000, março, R$ 270.000, e janeiro a março, R$ 741.500, serão transcritos para o relatório Demonstração Mensal do Resultado do Exercício, que será apresentado no ítem "Demonstração de resultado do exercício projetada".

De acordo com a política de vendas da empresa, os recebimentos referentes às vendas ocorrerão conforme demonstrado a seguir.

INDÚSTRIA TÊXTIL SÃO JOSÉ LTDA.
PREVISÃO DE RECEBIMENTO DAS VENDAS

	Vendas realizadas em ...	Recebimento de venda em ...			Contas a receber em
		Janeiro	Fevereiro	Março	31/3/20x1
Novembro	190.000	76.000			
Dezembro	162.500	65.000	65.000		
Janeiro	256.500	51.300	102.600	102.600	
Fevereiro	215.000		43.000	86.000	86.000
Março	270.000			54.000	216.000
Valores recebidos em ... (total)		192.300	210.600	242.600	302.000

Os valores da previsão de recebimento das vendas que se encontram na linha "valores recebidos em ... (total)", R$ 192.300, R$ 210.600 e R$ 242.600, serão transcritos para o relatório Demonstração do fluxo de caixa Projetado, que será apresentado no item "Fluxo de caixa projetado". O valor de R$ 302.000 que se encontra na coluna "contas a receber" em 31/3/20x1 será transcrito para o balanço patrimonial em 31/3/20x1, na linha "contas a receber", que se encontra no item "Balanço patrimonial projetado" deste capítulo. Para atender às vendas supracitadas há que se produzir um volume tal que atenda, também, à política de estoques da companhia. O orçamento de produção é apresentado no próximo item.

Orçamento de produção

O orçamento de produção tem por objetivo determinar as quantidades a serem produzidas durante o período de planejamento. As quantidades a serem produzidas em empresas industriais, ou compradas em empresas comerciais, são determinadas com base em volume de vendas, política de estoques, capacidade operacional e financeira da empresa, sazonalidade das vendas, compras de insumos, capacidade de estocagem, entre outros.

Para determinação das quantidades a serem produzidas será utilizada a equação a seguir em unidades.

Projeção do volume de produção	=	Vendas previstas	+	Estoque de produtos acabados previsto para o fim do período	–	Estoque de produtos acabados previsto para o início do período

Assim, quando o estoque inicial for maior que o final, a quantidade produzida deverá ser menor que a vendida, e vice-versa.

Dentro da seqüência lógica do processo de elaboração do orçamento, o planejamento da produção possibilita a elaboração dos orçamentos de matérias-primas, mão-de-obra direta e custos indiretos de fabricação (gastos gerais de fabricação).

❑ Exemplo Indústria Têxtil São José Ltda.

Concluído o orçamento de vendas, o plano de produção elaborado é o apresentado a seguir.

INDÚSTRIA TÊXTIL SÃO JOSÉ LTDA.
ORÇAMENTO DE PRODUÇÃO EM UNIDADES

	Discriminação	Jan.	Fev.	Mar.	Abr.
Colcha de casal	Vendas planejadas	570	500	600	650
	(+) Estoque final de produtos acabados	500	600	650	580
	(–) Estoque inicial de produtos acabados	570	500	600	650
	Unidades a produzir	500	600	650	580
Colcha de solteiro	Vendas planejadas	760	600	800	840
	(+) Estoque final de produtos acabados	600	800	840	750
	(–) Estoque inicial de produtos acabados	760	600	800	840
	Unidades a produzir	600	800	840	750

Obs.: 1. A política de estoques para os produtos acabados é ter, no estoque final de qualquer mês, o que será vendido no mês subseqüente. Portanto o estoque final de março para colcha de casal será a venda projetada de abril, 650 unidades. Assim como o estoque final de março para colcha de solteiro será de 840 unidades etc.

2. Os valores do estoque inicial, referentes aos meses de janeiro, fevereiro e março, respectivamente 570, 500 e 600 para colcha de casal e 760, 600 e 800 para colcha de solteiro, serão considerados para o orçamento do custo do produto vendido.

3. Da mesma forma, os valores das unidades a produzir, referentes aos meses de janeiro, fevereiro e março, respectivamente 500, 600 e 650 para colcha de casal e 600, 800 e 840 para colcha de solteiro, também serão considerados para o orçamento do custo do produto vendido.

Orçamento de material direto

Horngren, Foster e Datar (2000:29) definem o termo "custos dos materiais diretos" como "os custos de aquisição de todos os materiais que posteriormente se tornam parte do objeto de custo (...) e que podem ser identificados com o objeto de custo de maneira economicamente viável". Os demais custos de materiais utilizados na produção, como combustíveis, lubrificantes, lâmpadas, pregos e cola, são classificados como custos indiretos de fabricação. Alguns desses materiais são fisicamente agregados aos produtos (ou objeto de custo), mas não é economicamente viável identificá-los.

Para assegurar a disponibilidade de materiais nas quantidades necessárias no período devido e para planejar seus custos é essencial que se incluam os orçamentos de consumo, de compra e de custo dos materiais.

Orçamento de consumo e custo dos materiais

Estabelecida a previsão de produção para o período, passa-se ao orçamento do consumo dos materiais diretos em quantidade e em valor monetário, com base na quantidade a ser produzida e em dados relativos à composição dos materiais em cada produto. O consumo dos materiais a serem usados na produção será dado por:

Quantidade prevista de utilização por unidade do produto	×	Volume previsto a produzir	=	Quantidade total do material a ser utilizado na produção

O orçamento de consumo e custo dos materiais, apresentado a seguir, considera o consumo dos componentes em cada colcha, a quantidade a ser produzida e o custo de cada componente.

INDÚSTRIA TÊXTIL SÃO JOSÉ LTDA.
ORÇAMENTO DO CONSUMO E CUSTO DOS MATERIAIS

Discriminação		R$ unit.	Janeiro		Fevereiro		Março		Abril	
			Quant.	Custo	Quant.	Custo	Quant.	Custo	Quant.	Custo
Colcha casal	Algodão (kg)	30,00	1.000	30.000	1.200	36.000	1.300	39.000	1.160	34.800
	Tinta (galão)	10,00	1.000	10.000	1.200	12.000	1.300	13.000	1.160	11.600
	Total (R$)			40.000		48.000		52.000		46.400
Colcha solteiro	Algodão (kg)	30,00	600	18.000	800	24.000	840	25.200	750	22.500
	Tinta (galão)	10,00	600	6.000	800	8.000	840	8.400	750	7.500
	Total (R$)			24.000		32.000		33.600		30.000

Obs.: Os valores totais, tanto para colcha de casal, respectivamente R$ 40.000, R$ 48.000 e R$ 52.000, quanto para colcha de solteiro, respectivamente R$ 24.000, R$ 32.000 e R$ 33.600, serão transcritos para o orçamento do custo dos produtos vendidos.

Orçamento de compra dos materiais

O orçamento de compra de materiais contempla o plano de aquisição dos insumos necessários à produção e ao estoque desejados.

Na sua elaboração devem ser consideradas as conveniências de compras em termos de preços, prazos de entrega, estocagem, plano de reposição de estoque, lote econômico, ponto de compra etc.

As informações relativas aos valores monetários das compras e aos respectivos prazos para pagamentos serão utilizadas também no orçamento de fluxo de caixa e na determinação da necessidade de capital de giro.

O orçamento da compra de materiais diretos depende do consumo na produção e da política de estoque para cada item considerado (estoques inicial e final).

$$\text{Quantidade total do material a ser adquirido} = \text{Unidades requisitadas para a produção} + \text{Estoque final de materiais} - \text{Estoque inicial de materiais}$$

O valor dos materiais a serem adquiridos será determinado pela quantidade a ser adquirida multiplicada pelo seu custo.

A partir do prazo de compra será possível fazer o planejamento de desembolso para o pagamento dos materiais adquiridos.

❑ Exemplo Indústria Têxtil São José Ltda.

O orçamento de cada item indicando as quantidades necessárias à produção, observada a política de estoques, é informado ao departamento de compras para que possa planejar sua aquisição.

Indústria Têxtil São José Ltda.
Orçamento do gasto com a compra dos materiais

	Discriminação	Janeiro		Fevereiro		Março		Abril	
		Algodão kg	Tinta galão	Algodão kg	Tinta galão	Algodão kg	Tinta galão	Algodão kg	Tinta galão
Colcha de casal	Unidades requisitadas p/ produção	1.000	1.000	1.200	1.200	1.300	1.300	1.160	1.160
	(+) Estoque final desejado	600	600	650	650	580	580		
	(–) Estoque inicial	500	500	600	600	650	650	580	580
	Unidades a adquirir	1.100	1.100	1.250	1.250	1.230	1.230		
Colcha de solteiro	Unidades requisitadas p/ produção	600	600	800	800	840	840	750	750
	(+) Estoque final desejado	400	400	420	420	375	375		
	(–) Estoque inicial	300	300	400	400	420	420	375	375
	Unidades a adquirir	700	700	820	820	795	795		
	Total a adquirir	1.800	1.800	2.070	2.070	2.025	2.025		
	Preço unitário	30	10	30	10	30	10		
	Gastos com a compra dos materiais	54.000	18.000	62.100	20.700	60.750	20.250		
	Valor do estoque final em ...	30.000	10.000	32.100	10.700	28.650	9.550		

O valor do estoque de matérias-primas que será transcrito no balanço patrimonial, no item "Balanço patrimonial projetado" deste capítulo, em 31/3/20x1 é de R$ 38.200 (soma dos estoques de algodão, R$ 28.650, e de tinta, R$ 9.550).

A previsão de desembolso será preparada pelo departamento de compras a partir das quantidades a serem adquiridas, e o prazo de pagamento, estabelecido para cada um dos materiais.

INDÚSTRIA TÊXTIL SÃO JOSÉ LTDA.
PREVISÃO DO PAGAMENTO DAS COMPRAS DOS MATERIAIS

Mês de aquisição/ Mês de pagamento	Janeiro	Fevereiro	Março	Abril
Dezembro	70.000			
Janeiro		72.000		
Fevereiro			82.800	
Março				81.000
Total	70.000	72.000	82.800	81.000

Considera-se que as compras de março de 20x1 serão pagas em abril. Assim, o valor de R$ 81.000, referente à citada compra, será contas a pagar no balanço patrimonial em 31/3/20x1, que se encontra no item "Balanço patrimonial projetado", adiante.

Os valores referentes à previsão de desembolso com as compras, isto é, a previsão de pagamentos das compras de materiais, referentes a janeiro, R$ 70.000, fevereiro, R$ 72.000, e março, R$ 82.800, serão transcritos para a linha "materiais", na "Demonstração do fluxo de caixa projetado", mais adiante.

Orçamento de mão-de-obra direta

A elaboração deste orçamento abrange estimativas das necessidades de mão-de-obra direta para a fabricação dos tipos e das quantidades de produtos programados pelo plano de produção. Sua importância reside no fato de possibilitar:

- a previsão da mão-de-obra direta necessária ao processo produtivo;
- a estimativa do custo da mão-de-obra dos produtos fabricados;
- fornecimento, ao setor de recursos humanos da empresa, das necessidades de mão-de-obra para o seu planejamento (recrutamento, seleção, contratação, treinamento, realocação);
- planejamento do fluxo de caixa (orçamento de caixa);
- obtenção de padrões de eficiência no uso da mão-de-obra direta;
- estudos relativos à racionalização do emprego da mão-de-obra nos processos produtivos.

Com base na quantidade a ser produzida, no tempo de fabricação necessário por unidade e na taxa horária (salário/hora), obtém-se:

$$\text{Volume previsto a produzir} \times \text{Horas de MOD por produto} = \text{Número de horas a serem utilizadas} \times \text{Taxa horária} = \text{Custo total previsto de MOD}$$

- Exemplo Indústria Têxtil São José Ltda.

O orçamento de mão-de-obra direta e seu custo foram elaborados conforme a quantidade a ser produzida de cada colcha, a quantidade-padrão utilizada de horas de mão-de-obra direta na fabricação de cada colcha e no custo da hora trabalhada em cada departamento, o que é apresentado a seguir.

INDÚSTRIA TÊXTIL SÃO JOSÉ LTDA.
ORÇAMENTO DE MÃO-DE-OBRA DIRETA

Discriminação	R$ unit.	Janeiro		Fevereiro		Março		Abril	
		Quant./h	Custo	Quant./h	Custo	Quant./h	Custo	Quant./h	Custo
Mão-de-obra colcha de casal	2,00	2.500	5.000	3.000	6.000	3.250	6.500	2.900	5.800
Mão-de-obra colcha de solteiro	2,00	2.400	4.800	3.200	6.400	3.360	6.720	3.000	6.000
Mão-de-obra Custo total			9.800		12.400		13.220		11.800

Os valores do custo total da mão-de-obra que serão desembolsados nos meses de janeiro, R$ 9.800, fevereiro R$ 12.400, e março, R$ 13.220, serão transcritos para a linha "mão-de-obra na demonstração do fluxo de caixa projetado", no item "Fluxo de caixa projetado".

Já os valores da mão-de-obra para colcha de casal, R$ 5.000, R$ 6.000 e R$ 6.500, e da mão-de-obra para colcha de solteiro, R$ 4.800, R$ 6.400 e R$ 6.720, serão transcritos para o orçamento do custo do produto vendido, no item "Custo dos produtos vendidos e estoque de produtos acabados".

Orçamento dos custos indiretos de fabricação

Os custos indiretos de produção abrangem todos os gastos de fabricação que não podem ser classificados como matéria-prima ou mão-de-obra direta e são incorridos ao nível de centro de custos[2] (departamento, seção, divisão), ou ao nível da fábrica como um todo.

Ao nível de centro de custos inclui gastos incorridos indiretamente, como materiais indiretos, mão-de-obra indireta, depreciação, entre outros.

---

[2] Horngren, Foster e Datar (2000:67) definem centro de custo como "um agrupamento de diferentes itens de custo".

Ao nível geral da fábrica correspondem os gastos que não podem ser atribuídos a um único centro de custo e que são alocados a cada um por meio de critérios de alocação (rateio). Possuem diferentes denominações e as mais comuns são: carga da fábrica, custos indiretos de produção, gastos gerais de fabricação etc.

A responsabilidade pela elaboração deste orçamento é pulverizada entre os diversos centros de custos, cabendo sua aprovação ao principal responsável pela área de produção.

❑ Exemplo Indústria Têxtil São José Ltda.

Uma vez determinado o nível de produção da empresa, serão projetados os custos indiretos de fabricação, fixos e variáveis, dos departamentos de produção e dos departamentos de serviços, pelos seus responsáveis.

Em seguida esses gastos precisam ser rateados para as linhas de produtos. No caso da Indústria Têxtil São José Ltda. este rateio é proporcional à mão-de-obra direta utilizada nas colchas de casal e de solteiro, conforme pode ser visualizado na planilha a seguir.

Indústria Têxtil São José Ltda.
Orçamento e rateio do custo indireto de fabricação

Descrição	Valor (R$)
Suprimentos	6.200
Mão-de-obra indireta	13.180
Encargos sociais	6.500
Energia	14.120
Manutenção	6.000
Depreciação	12.000
Imposto predial	2.000
Seguros	1.500
Total	61.500

Rateio base mão-de-obra direta	Janeiro		Fevereiro		Março	
	Horas	Custo indireto	Horas	Custo indireto	Horas	Custo indireto
Mão-de-obra direta colcha de casal	2.500	31.377,55	3.000	29.758,06	3.250	30.238,28
Mão-de-obra direta colcha de solteiro	2.400	30.122,45	3.200	31.741,94	3.360	31.261,72
Total da mão-de-obra direta em horas	4.900	61.500,00	6.200	61.500,00	6.610	61.500,00

Obs.: As horas da mão-de-obra direta, tanto para colcha de casal quanto para de solteiro, foram obtidas anteriormente, no orçamento de mão-de-obra direta. O rateio do valor dos custos indiretos de fabricação é feito em proporção a essas horas. Por exemplo, no mês de janeiro alocam-se R$ 31.377,55 para colcha de casal calculando-se: R$ 61.500 × (2.500/4.900). Esses valores, mão-de-obra, tanto para colcha de casal quanto para de solteiro, serão transcritos no orçamento do custo do produto vendido, no item "Custo de produtos vendidos e estoque de produtos acabados".

Os desembolsos com os custos indiretos de fabricação para os meses de janeiro, fevereiro e março podem ser calculados deduzindo-se, do seu custo total, os itens não-desembolsáveis (neste caso, a depreciação é o único que não se desembolsa). Assim, o orçamento de desembolso dos custos indiretos de fabricação é apresentado a seguir.

INDÚSTRIA TÊXTIL SÃO JOSÉ LTDA.
ORÇAMENTO DO DESEMBOLSO COM OS CUSTOS INDIRETOS DE FABRICAÇÃO

	Jan.	Fev.	Mar.
Custos indiretos de fabricação	61.500	61.500	61.500
(–) Depreciação	12.000	12.000	12.000
(=) Desembolso com custos indiretos de fabricação	49.500	49.500	49.500

Obs.: Os valores com os desembolsos dos custos indiretos de fabricação serão transportados para a demonstração do fluxo de caixa, na linha "custos indiretos", no item "Fluxo de caixa projetado" deste capítulo.

Custo dos produtos vendidos e estoque de produtos acabados

O custo dos produtos vendidos é obtido pelas informações relativas ao custo de produção no período e à política de estoques da empresa.

❑ EXEMPLO INDÚSTRIA TÊXTIL SÃO JOSÉ LTDA.

INDÚSTRIA TÊXTIL SÃO JOSÉ LTDA.
ORÇAMENTO DO CUSTO DOS PRODUTOS VENDIDOS

Discriminação	Janeiro		Fevereiro		Março	
	C. casal	C. solteiro	C. casal	C. solteiro	C. casal	C. solteiro
Estoque inicial	81.663,69	68.292,60	73.851,05	56.124,28	85.968,61	72.152,13
(+) Gastos na produção						
Materiais (algodão + tinta)	40.000	24.000	48.000	32.000	52.000	33.600
Mão-de-obra	5.000	4.800	6.000	6.400	6.500	6.720
Custos indiretos de fabricação	31.377,55	30.122,45	29.758,06	31.741,94	30.238,28	31.261,72
A) Subtotal dos custos	158.041,24	127.215,04	157.609,11	126.266,22	174.706,88	143.733,85
Quantidade produtos						
Estoque inicial	570	760	500	600	600	800
Produção no mês	500	600	600	800	650	840
B) Subtotal dos produtos	1.070	1.360	1.100	1.400	1.250	1.640
C) Custo médio = A/B	147,70	93,54	143,28	90,19	139,77	87,64
D) Vendas em quantidade	570	760	500	600	600	800
E) Custo prod. vendidos = D × C	84.190,19	71.090,76	71.640,51	54.114,10	83.859,30	70.114,07
Valor do estoque final = A – E	73.851,05	56.124,28	85.968,61	72.152,13	90.847,58	73.619,78

Obs.: 1. Os valores R$ 81.663,69 e R$ 68.292,60 do estoque inicial referentes ao mês de janeiro derivam do enunciado do problema no item "Estoque de produto acabado". Os valores do estoque inicial do mês de fevereiro são computados, na coluna de janeiro, como valor do estoque final. O mesmo procedimento se faz para o mês de março; 2. Os valores de materiais são oriundos do item "Orçamento de consumo e custo dos materiais"; 3. Os valores de mão-de-obra são originários do item "Orçamento de mão-de-obra direta"; 4. Os valores dos custos indiretos de fabricação procedem do rateio realizado no item "Orçamento dos custos indiretos de fabricação"; 5. As quantidades referentes aos estoques iniciais e à produção mensal são obtidas no item "Orçamento de produção" em unidades; 6. Os valores dos custos médios foram computados através da máquina de calcular HP-12C, que possui armazenamento das casas decimais das divisões. Portanto, se o leitor empregar máquinas que não utilizam esse procedimento, poderá gerar pequenas distorções em seus cálculos.

Com base nas informações anteriores, no orçamento do custo dos produtos vendidos, podemos agora determinar o valor do item "Custos dos produtos vendidos", R$ 435.008,93 da demonstração de resultado para o período de janeiro a março, item "Demonstração de resultado do exercício projetada". Por sua vez, transcreveremos o valor de R$ 164.467,36 para a conta estoque, no balanço patrimonial, item "Balanço patrimonial projetado".

DETERMINAÇÃO DO CUSTO DO PRODUTO VENDIDO PARA A DEMONSTRAÇÃO DE RESULTADO

	C. casal	C. solteiro	Total
Jan.	84.190,19	71.090,76	
Fev.	71.640,51	54.114,10	
Mar.	83.859,30	70.114,07	
Total de jan./mar.	239.690,00	195.318,93	435.008,93
Determinação do valor do estoque para o balanço patrimonial			
Estoque em 31/3/20x1	90.847,58	73.619,78	164.467,36

Além dos custos de produção, as empresas incorrem em despesas comerciais e administrativas, que são o tema do próximo item.

Orçamentos de despesas operacionais

Despesas operacionais estão relacionadas aos setores de vendas e de administração. Portanto, todas as despesas desses setores são consolidadas nesse grupo, também definido como despesa do período.

Despesas administrativas

As despesas administrativas correspondem a todos os gastos necessários à gestão da empresa.

Em algumas companhias, a proposta orçamentária das áreas administrativas contempla o seguinte:

- as despesas básicas do departamento, incluindo os gastos de estar no negócio, mais as despesas de todas as atividades que tenham que ser obrigatoriamente realizadas e para as quais nenhuma decisão administrativa geral é requerida;
- as outras atividades do departamento, incluindo cada descrição das finalidades e dos respectivos gastos marginais de cada uma destas atividades. O detalhamento depende da quantia de dinheiro envolvida e da habilidade da administração de decidir sobre as atividades. Por exemplo, um grau limitado de detalhe pode ser suficiente para um departamento de análise financeira porque a administração não precisa fazer uma revisão de suas funções a cada ano;
- uma justificativa para os aumentos do orçamento;
- uma explanação sobre quais atividades seriam reduzidas ou canceladas se o orçamento fosse reduzido em 5% ou 10% e/ou quais poderiam ser aumentadas ou iniciadas se o orçamento pudesse ser aumentado de 5% a 10%.

- EXEMPLO INDÚSTRIA TÊXTIL SÃO JOSÉ LTDA.

As despesas administrativas apropriadas a cada departamento, seção ou divisão foram de R$ 20.000, dentro das seguintes rubricas orçamentárias. As despesas incorridas no mês são pagas no mesmo mês. Assim, em janeiro há um desembolso de R$ 20.000, em fevereiro R$ 20.000 e em março R$ 20.000.

Descrição	Valor (R$)
Suprimentos	1.000
Salário do pessoal de escritório	3.000
Salário dos executivos	16.000
Total	20.000

Despesas de vendas

As despesas de vendas compreendem os gastos realizados com venda, distribuição e armazenagem. Os itens normalmente classificados como despesas de vendas e marketing são: salário e comissão dos vendedores, encargos sociais, propaganda, despesas de viagens, material de escritório, depreciação de veículos, combustíveis e seguros.

A responsabilidade final pela elaboração desde orçamento é do executivo principal da área comercial. As atividades de venda são mais heterogêneas em sua natureza do que as administrativas. O executivo de marketing deve levar em consideração a necessidade de recursos para atingir a estimativa do crescimento das vendas e também deve estar constantemente em contato com o mercado.

❑ Exemplo Indústria Têxtil São José Ltda.

O orçamento das despesas de vendas foi preparado concomitantemente com o orçamento de vendas, isto é, das unidades a serem vendidas, e envolve os gastos necessários para se atingir o valor planejado das vendas. Os gastos fixos previstos foram de R$ 9.000. Já os gastos variáveis com a comissão sobre o faturamento foram estimados em 3%. Essas despesas são apresentadas na planilha "Orçamento de despesas de vendas".

Orçamento de despesas de vendas

Descrição	Valor (R$)			
	Jan.	Fev.	Mar.	Jan./mar.
Publicidade	3.000	3.000	3.000	9.000
Salário dos vendedores	4.000	4.000	4.000	12.000
Despesas de viagens	2.000	2.000	2.000	6.000
Comissão de vendas	7.695	6.450	8.100	22.245
Total	16.695	15.450	17.100	49.245

O desembolso com as despesas de vendas, por ocorrer no mesmo mês da despesa, é de: janeiro R$ 16.695, fevereiro R$ 15.450 e março R$ 17.100.

O orçamento de despesas operacionais é a soma do orçamento das despesas administrativas com o das despesas de vendas. E como, neste caso, o desembolso de ambas ocorre no mesmo mês, os valores de desembolso serão iguais aos valores das despesas.

ORÇAMENTO DE DESPESAS OPERACIONAIS

Descrição	Valor (R$)			
	Jan.	Fev.	Mar.	Jan./mar.
Despesas administrativas	20.000	20.000	20.000	60.000
Despesas de vendas	16.695	15.450	17.100	49.245
Despesas operacionais — total	**36.695**	**35.450**	**37.100**	**109.245**
Desembolso c/ despesas operacionais	**36.695**	**35.450**	**37.100**	

O valor referente ao período de janeiro a março das despesas operacionais (R$ 109.245) será transcrito na "Demonstração de resultado do exercício projetada", adiante. Já os valores de desembolso com despesas operacionais, R$ 36.695 de janeiro, R$ 35.450 de fevereiro e R$ 37.100 de março, serão reproduzidos no item "Fluxo de caixa projetado".

Orçamento de investimentos

A importância deste orçamento reside no fato de que decisões sobre investimentos normalmente impactam a rentabilidade e a lucratividade durante vários exercícios e representar, na maioria das vezes, valores vultosos.

Os investimentos podem ser classificados conforme a natureza de atividade exercida na empresa, de diversas formas, mas pode-se verificar a ocorrência, segundo o objetivo pretendido, nas seguintes modalidades:

- investimento para manutenção do nível de atividade — onde são propostas aquisições de bens, reforma ou construção de imóveis com a finalidade de reposição de bens com baixa capacidade em função do uso ou recuperação de instalações existentes;
- investimentos para aumento da capacidade produtiva — representam os mesmos itens de investimento para aumento quantitativo ou qualitativo do nível de atividade;
- investimentos na função social da empresa — são exemplos desta modalidade investimentos em programas de despoluição, restaurantes, alojamentos e áreas de lazer para os funcionários etc.

No exemplo da Indústria Têxtil São José Ltda. planeja-se um investimento de R$ 100.000 em janeiro e de R$ 50.000 em fevereiro, donde o desembolso ocorrerá nesses mesmos valores nos próprios meses dos investimentos, isto é, haverá um desembolso de R$ 100.000 em janeiro e de R$ 50.000 em fevereiro. Assim, a conta do ativo permanente, no item "Balanço patrimonial projetado", do balanço patrimonial, irá aumentar para R$ 4.050.000 (saldo patrimonial em 31/12/20x0 = R$ 3.900.000 mais a aquisição de maquinários no valor de R$ 150.000). Por sua vez, a conta depreciação acumulada, neste mesmo balanço patrimonial, terá um valor de R$ 736.000 (que é a soma da depreciação acumulada em 31/12/20x0 mais a despesa de depreciação dos três meses, de janeiro a março, que totaliza R$ 36.000). Os valores dos desembolsos dos investimentos, R$ 100.000 em janeiro e R$ 50.000 em fevereiro, irão para o fluxo de caixa projetado, que se encontra no item a seguir.

Uma vez definidos todos os orçamentos operacionais, iniciaremos a consolidação dessas informações, e a primeira demonstração é o fluxo de caixa, também apresentado no próximo item.

Fluxo de caixa projetado

O orçamento de caixa elaborado para períodos longos, como um ano, possui considerável grau de imprecisão, pois se baseia em valores orçados nas demais peças orçamentárias. Portanto a qualidade de suas previsões depende, sobremaneira, do grau de confiabilidade dos valores estimados nos diversos orçamentos. Este orçamento possui dois objetivos básicos:

- prever o saldo de caixa ao término de cada período considerado;
- determinar a previsão dos recebimentos e desembolsos de cada período.

Embora o orçamento de caixa seja preparado após a elaboração dos demais orçamentos, devido à sua dependência de utilização dos dados elaborados por aqueles, isso não evidencia que este orçamento seja menos importante que os demais. Pode acontecer, em função dos valores apurados em saldos de caixa em cada período, que haja necessidade de revisão de algum orçamento preparado anteriormente, dado o grau de impacto no fluxo de caixa da empresa.

Não se pode esquecer de que o processo orçamentário é um instrumento de previsão e coordenação de recursos para a consecução da missão da empresa, sendo os recursos financeiros elementos dos mais importantes desse processo.

A elaboração do orçamento de caixa pressupõe o levantamento de duas categorias de dados:

- dados básicos — dados financeiros operacionais normais da empresa, como receitas de vendas, despesas com compras, mão-de-obra etc.; dados de investimentos, como receitas e despesas com aquisição e venda de imóveis, equipamentos diversos etc.;
- dados complementares — prazos normais de recebimento e desembolso para a empresa; recebimento ou pagamento de juros bancários; previsão de devedores duvidosos em virtu-

de do perfil dos reais encaixes advindos das receitas de vendas a prazo.

Uma vez definidos os prazos dos encaixes e desembolsos, deverá ser preparada uma previsão dos recebimentos das receitas e dos pagamentos dos gastos.

❑ EXEMPLO INDÚSTRIA TÊXTIL SÃO JOSÉ LTDA.

O orçamento do fluxo de caixa do primeiro trimestre, apresentado a seguir, antecipa os efeitos no caixa da empresa da política de vendas, pagamentos, empréstimos etc. Para um planejamento financeiro da rotina de tesouraria, esses dados são detalhados por dia, semana etc., visando evitar recursos ociosos e déficits inesperados.

INDÚSTRIA TÊXTIL SÃO JOSÉ LTDA.
DEMONSTRAÇÃO DO FLUXO DE CAIXA PROJETADO

Discriminação	Janeiro	Fevereiro	Março	Jan./mar.
Saldo inicial de caixa	20.000	20.305	20.555	20.000
(+) Recebimentos				
Recebimento de vendas	192.300	210.600	242.600	645.500
Total de caixa disponível (a)	**212.300**	**230.905**	**263.155**	**665.500**
(–) Desembolsos				
Materiais	70.000	72.000	82.800	224.800
Mão-de-obra	9.800	12.400	13.220	35.420
Custos indiretos	49.500	49.500	49.500	148.500
Despesas operacionais	36.695	35.450	37.100	109.245
Aquisição de maquinário	100.000	50.000		150.000
Total de pagamentos (b)	**265.995**	**219.350**	**182.620**	**667.965**
Saldo mínimo de caixa desejado	20.000	20.000	20.000	20.000
Total de caixa necessário (c)	**285.995**	**239.350**	**202.620**	**687.965**
Sobra (déficit) (a) – (c)	**(73.695)**	**(8.445)**	**60.535**	**(22.465)**
Financiamentos/empréstimos				
Empréstimos (ao início)	74.000	9.000		83.000
Liquidação (ao final)			(57.000)	(57.000)
Juros (18% a.a.)			(2.565)	(2.565)
Efeito total do financiamento (d)	**74.000**	**9.000**	**(59.565)**	**23.435**
Saldo final de caixa (a) – (b) + (d)	20.305	20.555	20.970	20.970

Obs.: O fluxo de informação da demonstração acima teve como fonte o livro de Horngren, Foster e Datar (2000:139).

Com base no fluxo de caixa se define a despesa de juros, um dos itens da demonstração de resultado que será discutido no item seguinte. A despesa de juros compreende o uso do empréstimo a uma taxa de juros de 1,5% ao mês, visto este caso adotar juros simples. O valor da parcela do empréstimo não-paga até 31/3/20x1 é de R$ 26.000 (R$ 83.000, que é a soma de R$ 74.000 com R$ 9.000, menos R$ 57.000). O empréstimo no valor de R$ 74.000 será utilizado por três meses, visto considerarmos do início de janeiro até o fim de março. Já o empréstimo de R$ 9.000 será utilizado por dois meses, do início de fevereiro até o fim de março. O pagamento do principal, de R$ 57.000, será no fim de março e compreenderá o uso por três meses (do início de janeiro ao fim de março) e os juros inclusos nessa parcela serão computados multiplicando o valor do principal pago, R$ 57.000, por 4,5% (1,5% por cada mês), totalizando R$ 2.565. A despesa de juros, por sua vez, é computada pelo uso do recurso.

Despesas de juros

Discriminação	Principal	Tempo de uso do principal	Juros (%)	Despesa e juros
Valor do empréstimo em 1/1/20x1	74.000	3	4,5	3.330
Valor do empréstimo em 1/2/20x1	9.000	2	3	270
Despesa de juros de jan./fev.				**3.600**

Como da despesa de juros de R$ 3.600 será pago o valor de R$ 2.565, o saldo de R$ 1.035 será juros a pagar, que faz parte do balanço patrimonial, no item "Balanço patrimonial projetado". O saldo do empréstimo, R$ 26.000, será também transcrito para o balanço patrimonial. A despesa de juros é um item da demonstração de resultado, portanto terá seu valor, R$ 3.600, transportado para essa demonstração a seguir. Naturalmente, projetar o lucro é de extrema valia para os principais executivos da entidade, posto que permite verificar de antemão se o valor é compatível com o retorno esperado pelos investidores.

Demonstração de resultado do exercício projetada

A montagem desta demonstração visa possibilitar a projeção, para o período planejado, do resultado econômico da empresa. Com base nas peças orçamentárias anteriores, esta demonstração também possibilita aos executivos estimar resultados futuros em virtude de montagem dos demais orçamentos, considerando diferentes alternativas para custos e despesas.

- Exemplo Indústria Têxtil São José Ltda.

A projeção da demonstração de resultados reúne todas as receitas e despesas geradas em cada fase do processo orçamentário e permite à empresa uma previsão do resultado a ser obtido. A planilha a seguir apresenta a demonstração de resultados.

Indústria Têxtil São José Ltda.
Demonstração mensal do resultado do exercício

Discriminação	Jan./mar.
Vendas – Q1	741.500,00
(–) Custo produtos vendidos	435.008,93
(=) Lucro bruto	306.491,07
(–) Despesas operacionais	109.245,00
(=) Lucro operacional antes das despesas financeiras	197.246,07
(–) Despesas financeiras	3.600,00
(=) Lucro líquido	193.646,07

Obs.: Não há imposto de renda neste exemplo. Portanto o lucro antes do imposto de renda será igual ao lucro líquido.

O lucro líquido do período de janeiro a março, R$ 193.646,07, será adicionado ao item lucros acumulados no balanço patrimonial de 31/12/20x0, R$ 537.956,29, para determinar o novo valor da conta lucros acumulados do balanço patrimonial de 31/3/20x1, R$ 731.602,36, que se encontra no item a seguir.

Finalmente, o último relatório do orçamento financeiro a se definir é o balanço patrimonial, apresentado a seguir. Nessa demonstração se consolidam as informações dos investimentos realizados pela empresa, bem como as fontes desses financiamentos.

Balanço patrimonial projetado

Algumas empresas estabelecem em seus processos orçamentários a elaboração dessa demonstração. São várias as razões, por exemplo:

- auxilia a verificar a consistência na elaboração do orçamento;
- possibilita uma análise econômico-financeira da empresa;
- fornece dados para análise da administração do capital de giro da empresa.

O balanço projetado apresentado a seguir reúne os saldos encontrados em cada componente patrimonial analisado anteriormente.

Após o exemplo supracitado, vimos como se elabora um orçamento na área industrial. Nesse orçamento, políticas e objetivos específicos a serem determinados são elucidados, como o valor de caixa mínimo, a quantidade de matéria-prima para a produção de uma unidade etc.

Indústria Têxtil São José Ltda.
Balanço patrimonial
(Valores em R$)

Ativo	31/3/20x1
Circulante	
Caixa	20.970,00
Contas a receber	302.000,00
Matéria-prima	38.200,00
Produto acabado	164.467,36
Permanente	
Terreno	400.000,00
Prédio e equipamento	3.650.000,00
(–) Depreciação acumulada	(736.000,00)
Total do ativo	3.839.637,36

Passivo + PL	
Circulante	
Contas a pagar	81.000,00
Empréstimo	
Principal	26.000,00
Juros a pagar	1.035,00
Patrimônio Líquido	
Capital social	3.000.000,00
Lucros acumulados	731.602,36
Total do passivo + PL	3.839.637,36

A seguir apresentaremos um orçamento de uma empresa na área comercial. A atividade comercial, às vezes, requer que não se orce a receita pelo número de peças a serem vendidas multiplicado pelo preço de venda, mas pela receita do período em questão, independentemente do tipo de peça a ser vendido, bem como o percentual da margem bruta a se obter. Essa é uma característica do negócio, caso contrário corre-se o risco de o cliente entrar na loja querendo adquirir uma calça e o vendedor "empurrar" uma camisa, visto ter de atingir sua cota de vendas. Para ajudar a compreender melhor a elaboração desse orçamento, apresentamos a seguir um exercício visando a prática de conceitos anteriormente apresentados e o auto-aprendizado. Sua resposta se encontra no fim do capítulo.

Exemplo de orçamento na área comercial

A STG Equipamentos Marítimos Ltda. apresentava os valores constantes nas contas do balanço patrimonial de 30 de setembro de 20x0.

STG EQUIPAMENTOS MARÍTIMOS LTDA.
BALANÇO PATRIMONIAL

Ativo	30/9/20x0
Circulante	
Caixa	50.000
Contas a receber	121.000
Estoque	86.400
Permanente	
Ativo permanente – líquido	100.000
Total do ativo	357.400

Passivo + PL	
Circulante	
Contas a pagar	72.800
Empréstimo	
Principal	
Juros a pagar	
Patrimônio Líquido	
Patrimônio líquido (capital + lucro acumulado)	284.600
Total do passivo + PL	357.400

As vendas recentes e previstas para certos meses de 20x0 e 20x1 da empresa são exibidas a seguir.

STG Equipamentos Marítimos Ltda.
Vendas recentes e previstas

Mês	R$
Junho	200.000
Julho	190.000
Agosto	180.000
Setembro	170.000
Outubro	180.000
Novembro	250.000
Dezembro	200.000
Janeiro	150.000

Você deve preparar um orçamento, isto é, uma demonstração de resultados pró-forma, para os meses de outubro a dezembro e um balanço pró-forma para 31 de dezembro de 20x1, preenchendo as demonstrações a seguir. Conforme a experiência das operações comerciais no passado e de planos já acordados, você deve considerar os seguintes tópicos:

- recebimento das vendas — as vendas realizadas em um mês são recebidas 50% à vista, 30% após 30 dias da venda, e 20% após 60 dias da venda. Assim as contas a receber de 30 de setembro de 20x1, R$ 121.000, são o resultado de 20% das vendas a crédito de agosto (20% de R$ 180.000 = R$ 36.000) mais 50% das vendas a crédito de setembro (50% de R$ 170.000 = R$ 85.000);
- lucro bruto — em média, representa 60% das vendas;
- despesas — as incorridas no mês são pagas nesse mesmo mês, menos a depreciação. As despesas variáveis são: a) comissão de vendas, representando 10% das vendas; b) aluguel, totalizando 5% das vendas; e c) outras despesas variáveis, em média somando 2% das vendas. As despesas fixas são classificadas em salários, outras despesas fixas e depreciação — totalizando ao mês, respectivamente, R$ 30.000, R$ 20.000 e R$ 15.000;

- compras — a política de estoque é obter um giro de 10 (considere o ano com 360 dias), que significa comprar todos os meses mercadorias suficientes para que o estoque final de um mês satisfaça 120% das vendas do mês seguinte em unidades. Presuma que os pagamentos sejam efetuados no mês seguinte ao da compra. Em outras palavras, eles são feitos 30 dias após a compra — por esta razão a conta contas a pagar (fornecedores) no balanço de 30 de setembro de 20x1 é R$ 72.800;
- instalações — projetam-se investimentos de R$ 60.000 em outubro e de R$ 40.000 em novembro de 20x1. O desembolso desses investimentos ocorre nos meses em que estão relacionados;
- política de caixa — a direção deseja manter um saldo mínimo de caixa de R$ 50.000. Suponha que os empréstimos se realizam no início do mês em que se fazem necessários. Como a intenção é minimizar as despesas de juros, os pagamentos dos empréstimos são feitos sempre que houver caixa disponível e no final dos respectivos meses. Os juros são computados e pagos sobre a parcela do principal que está sendo paga e sua taxa é de 18% a.a. Tanto a tomada do principal dos empréstimos quanto seus respectivos pagamentos são pagos em múltiplos de R$ 1.000. Os juros devidos e pagos são arredondados e computados;
- pede-se — preencha os relatórios dos orçamentos operacionais e financeiros a seguir.

STG Equipamentos Marítimos Ltda.
Projeção de vendas entre outubro e dezembro de 20x0
(R$)

	Outubro	Novembro	Dezembro	Total
Vendas totais				

STG Equipamentos Marítimos Ltda.
Projeção dos recebimentos mensais de vendas
(R$)

Mês	Vendas	Recebimento em			Vendas não recebidas em
		Outubro	Novembro	Dezembro	31/12/20x0
Junho	200.000				
Julho	190.000				
Agosto	180.000				
Setembro	170.000				
Outubro	180.000				
Novembro	250.000				
Dezembro	200.000				
Total recebido em					

STG Equipamentos Marítimos Ltda.
Projeção do custo das mercadorias vendidas e compras
(R$)

Discriminação	Outubro	Novembro	Dezembro	Total
Custo mercadorias vendidas				
Estoque final				
Estoque inicial				
Compras				
Pagamentos de compras				

STG Equipamentos Marítimos Ltda.
Projeção da saída de caixa das despesas operacionais
(R$)

Discriminação	Outubro	Novembro	Dezembro
Comissão de vendas			
Aluguel			
Outras despesas variáveis			
Salários			
Outras despesas fixas			
Pagamento de despesas operacionais			

STG Equipamentos Marítimos Ltda.
Projeção das despesas operacionais
(R$)

Discriminação	Outubro	Novembro	Dezembro	Total
Comissão de vendas				
Aluguel				
Outras despesas variáveis				
Salários				
Outras despesas fixas				
Depreciação				
Despesas operacionais: total				

STG Equipamentos Marítimos Ltda.
Demonstração do fluxo de caixa projetado
(R$)

Discriminação	Outubro	Novembro	Dezembro	Out./dez.
Saldo inicial de caixa				
(+) Recebimentos				
Recebimento de vendas				
Total de caixa disponível (a)				
(–) Desembolsos				
Pagamento de compras				
Pagamento de despesas operacionais				
Pagamento de investimento				
Total de pagamentos (b)				
Saldo mínimo de caixa desejado				
Total de caixa necessário (c)				
Sobra (déficit) (a) – (c)				
Financiamentos/empréstimos				
Empréstimos (ao início)				
Liquidação (ao final)				
Juros (12% a.a.)				
Efeito total do financiamento (d)				
Saldo final de caixa (a) – (b) + (d)				

Obs.: 1. O fluxo de informação da demonstração acima teve como fonte o livro do Horngren, Foster e Datar (2000:139); 2. Os empréstimos e os pagamentos do principal devem ser múltiplos de R$ 1.000

STG Equipamentos Marítimos Ltda.
Demonstração do resultado pró-forma
outubro a dezembro de 20x0 (R$)

Discriminação	Out./dez.
Vendas	
(–) Custos das mercadorias vendidas	
(=) Lucro bruto	
(–) Despesas operacionais	
(=) Lucro operacional antes das despesas financeiras	
(–) Despesas financeiras	
(=) Lucro operacional	

STG Equipamentos Marítimos Ltda.
Demonstração da conta patrimônio líquido pró-forma
31/12/20x0 (R$)

Patrimônio líquido em 30/9/20x0
(+) Lucro operacional
(=) Patrimônio líquido em 31/12/20x0

STG Equipamentos Marítimos Ltda.
Balanço patrimonial pró-forma — 31/12/20x0 (R$)

Ativo
Circulante
Caixa
Contas a receber
Estoque
Permanente
Instalações fixas — líquido
Total do ativo

Passivo + PL
Circulante
Contas a pagar
Empréstimo
Principal
Juros a pagar
Patrimônio Líquido
Patrimônio líquido (capital + lucro acumulado)
Total do passivo + PL

Solução do exemplo de orçamento na área comercial

STG Equipamentos Marítimos Ltda.
Projeção de vendas entre outubro e dezembro de 20x0
(R$)

	Outubro	Novembro	Dezembro	Total
Vendas totais	180.000	250.000	200.000	**630.000**

STG Equipamentos Marítimos Ltda.
Projeção dos recebimentos mensais de vendas
(R$)

Mês		Recebimento em			Vendas não recebidas em
	Vendas	Outubro	Novembro	Dezembro	31/12/20x0
Junho	200.000				
Julho	190.000				
Agosto	180.000	36.000			
Setembro	170.000	51.000	34.000		
Outubro	180.000	90.000	54.000	36.000	
Novembro	250.000		125.000	75.000	50.000
Dezembro	200.000			100.000	100.000
Total recebido em		177.000	213.000	211.000	**150.000**

STG Equipamentos Marítimos Ltda.
Projeção do custo das mercadorias vendidas e compras
(R$)

Discriminação	Outubro	Novembro	Dezembro	Total
Custo das mercadorias vendidas	72.000	100.000	80.000	**252.000**
Estoque final	120.000	96.000	72.000	
Estoque inicial	86.400	120.000	96.000	
Compras	105.600	76.000	56.000	
Pagamentos de compras	72.800	105.600	76.000	

STG Equipamentos Marítimos Ltda.
Projeção da saída de caixa das despesas operacionais
(R$)

Discriminação	Outubro	Novembro	Dezembro
Comissão de vendas	18.000	25.000	20.000
Aluguel	9.000	12.500	10.000
Outras despesas variáveis	3.600	5.000	4.000
Salários	30.000	30.000	30.000
Outras despesas fixas	20.000	20.000	20.000
Pagamento de despesas operacionais	80.600	92.500	84.000

STG Equipamentos Marítimos Ltda.
Projeção das despesas operacionais
(R$)

Discriminação	Outubro	Novembro	Dezembro	Total
Comissão de vendas	18.000	25.000	20.000	
Aluguel	9.000	12.500	10.000	
Outras despesas variáveis	3.600	5.000	4.000	
Salários	30.000	30.000	30.000	
Outras despesas fixas	20.000	20.000	20.000	
Depreciação	15.000	15.000	15.000	
Despesas operacionais: total	95.600	107.500	99.000	**302.100**

STG Equipamentos Marítimos Ltda.
Demonstração do fluxo de caixa projetado
(R$)

Discriminação	Outubro	Novembro	Dezembro	Out./dez.
Saldo inicial de caixa	50.000	50.600	50.500	50.000
(+) Recebimentos				
Recebimento de vendas	177.000	213.000	211.000	601.000
Total de caixa disponível (a)	**227.000**	**263.600**	**261.500**	**651.000**
(–) Desembolsos				
Pagamento de compras	72.800	105.600	76.000	254.400
Pagamento de despesas operacionais	80.600	92.500	84.000	257.100
Pagamento de investimento	60.000	40.000		100.000
Total de pagamentos (b)	**213.400**	**238.100**	**160.000**	**611.500**
Saldo mínimo de caixa desejado	50.000	50.000	50.000	50.000
Total de caixa necessário (c)	263.400	288.100	210.000	661.500

continua

Discriminação	Outubro	Novembro	Dezembro	Out./dez.
Sobra (déficit) (a) – (c)	**(36.400)**	**(24.500)**	**51.500**	**(500)**
Financiamentos/empréstimos				
Empréstimos (ao início)	37.000	25.000		62.000
Liquidação (ao final)			(49.000)	(49.000)
Juros (12% a.a.)			(2.025)	(2.025)
Efeito total do financiamento (d)	**37.000**	**25.000**	**(51.025)**	**10.975**
Saldo final de caixa (a) – (b) + (d)	50.600	50.500	50.475	50.475

Obs.: 1. O fluxo de informação da demonstração acima teve como fonte o livro do Horngren, Foster e Datar (2000:139); 2. Os empréstimos e os pagamentos do principal devem ser múltiplos de R$ 1.000.

STG Equipamentos Marítimos Ltda.
Demonstração do resultado pró-forma
outubro a dezembro de 20x0 (R$)

Discriminação	Out./dez.
Vendas	630.000
(–) Custos das mercadorias vendidas	252.000
(=) Lucro bruto	378.000
(–) Despesas operacionais	302.100
(=) Lucro operacional antes das despesas financeiras	76.900
(–) Despesas financeiras	2.415
(=) Lucro operacional	73.485

STG Equipamentos Marítimos Ltda.
Demonstração da conta patrimônio líquido pró-forma
31/12/20x0 (R$)

Patrimônio líquido em 30/09/20x0	284.600
(+) Lucro operacional	73.485
(=) Patrimônio líquido em 31/12/20x0	358.085

STG EQUIPAMENTOS MARÍTIMOS LTDA.
BALANÇO PATRIMONIAL PRÓ-FORMA — 31/12/20X0 (R$)

Ativo	
Circulante	
Caixa	50.475
Contas a receber	150.000
Estoque	72.000
Permanente	
Instalações fixas — líquido	155.000
Total do ativo	427.475

Passivo + PL	
Circulante	
Contas a pagar	56.000
Empréstimo	
Principal	13.000
Juros a pagar	390
Patrimônio Líquido	
Patrimônio líquido (capital + lucro acumulado)	358.085
Total do passivo + PL	427.475

Neste capítulo discorremos sobre como elaborar um orçamento tanto para a área industrial quanto para a área comercial. Para que possamos elaborar um orçamento, há que se projetar metas a serem cumpridas, bem como políticas a serem seguidas. Uma vez feito o orçamento, a empresa necessita verificar se essas metas foram cumpridas. Esse procedimento ocorrerá por meio do sistema de controle, assunto do próximo capítulo.

3

Sistema de controle

O objetivo deste capítulo é descrever um sistema de informações que ajude o administrador a detectar quais planos não estão sendo alcançados e onde há problemas a serem corrigidos. Releva enfatizar que os sistemas de controle não indicam diretamente a causa do problema; simplesmente informam onde o mesmo se encontra. Por exemplo, uma variação de preço numa matéria-prima significa que o custo real do produto difere do que foi projetado. Essa diferença, contudo, pode ter ocorrido porque: os fornecedores aumentaram o preço do insumo; o comprador adquiriu mal o produto; por não se ter pesquisado adequadamente ou por ter-se adquirido de um fornecedor devido à produção ter solicitado com urgência; ou, mesmo, por se ter projetado erradamente o preço desse insumo.

De certa forma, esses sistemas de controle se assemelham às luzes indicadoras ou a relógios, isto é, se o termômetro que mede a temperatura da água do carro sobe, sabemos que há problema com o sistema de refrigeração, podendo ser falta de água no radiador, um furo no radiador ou rachadura no bloco do motor. O mecânico terá reduzido a sua tarefa de encontrar o problema no carro, pois pesquisará os componentes do sistema de refrigeração. Com certeza não procurará falhas no sistema do óleo.

É razoável que ao estudar um assunto o leitor questione o significado da matéria a ser observada. Assim, os três primeiros itens do capítulo expõem o significado de controle, por que deve haver controle em uma entidade e em que focalizar. O tema subseqüente descreve os vários sistemas de controle, objetivando que o leitor amplie seu conhecimento quanto ao conjunto de princípios fundamentais dessa ciência. A seguir, por meio de exemplos, detalhamos como controlar empregando o orçamento flexível. Primeiramente expomos o controle ao setor comercial e, depois, aos setores operacionais, tanto para os custos variáveis quanto para os fixos. Ao final deste capítulo propomos um exercício para que o leitor avalie seu grau de aprendizado.

O significado de controle

Toda decisão está diretamente ligada com o futuro. Ninguém pode, até então, voltar no tempo e mudar uma ação já realizada, pois não há máquina do tempo. Por outro lado, o problema só existe se o que foi realizado se diferencia do que se planejou. Logicamente, quanto mais importante for a tarefa ou a ação objetivada, maior será o problema se esta é percebida como distante do projetado, pelo tomador de decisão, quando efetivamente ocorrer. A acepção da palavra controle é a de fiscalização exercida sobre as atividades, seja de pessoas, órgãos, departamentos ou produtos, de forma que tais atividades ou produtos não se desviem das normas preestabelecidas. Em resumo, controle é uma atividade que tem por fim evitar problemas.

Idealmente, o controle deveria ser exercido antes que a atividade ou a ação fosse empreendida. Como mencionado, não se pode voltar no tempo. Os sistemas de informação ideais deveriam indicar o que se espera fazer e como fazer naquele momento. Qualquer desvio do preestabelecido deveria imediatamente ser elucidado, tal como se acendesse uma luz vermelha, de alerta. Um dos problemas com esse tipo de sistema de informação é que seu custo pode suplantar os benefícios; obter a informação, que é transcrevê-la, e transmitir para um posto de serviço, confrontar com o planejado ou preestabelecido, verificar o desvio e retornar a informação tanto para o posto de trabalho quanto para seu superior custa tempo e recursos financeiros. Além do mais, há o lado psicológico de quem está sendo controlado. Qualquer pessoa, ao saber que há controle sobre suas atividades, ganha um grau de tensão quando essas atividades se desviam do projetado. Se o sistema de informação, ao indicar o desvio, não permite um tempo a fim de mostrar outros acertos, como houve correções por parte de quem é controlado, tende a se tornar, ao longo do tempo, um elemento que desestimulará futuras ações proativas. Dessa forma, é possível questionar: por que controlar? Assunto a ser abordado no próximo item.

Por que controlar?

Os gestores de uma empresa, presidente e diretores, desejam que ela atinja os objetivos por eles traçados. A implementação desses objetivos, contudo, é realizada por outros membros, normalmente de um escalão inferior e, muita das vezes, sem nenhum contato com a alta administração. Esses funcionários são impulsionados a atingirem seus próprios objetivos pessoais, raramente compatíveis com os objetivos organizacionais. Por exemplo, a maioria das pessoas que trabalham em uma empresa acha que ganha menos do que deveria, assim como poderia folgar mais dias e outros tantos. Se porventura esses desejos fossem realizados, o lucro da entidade poderia não cobrir a demanda dos investidores e sua sobrevivência de longo prazo estaria ameaçada.

O sistema de controle tem o propósito central de assegurar que os objetivos organizacionais sejam alcançados. Logicamente, esse sistema terá mais sucesso se os objetivos organizacionais e pessoais forem congruentes. Anthony e Govindarajan (2002:141) definem a "congruência de objetivos" como:

> A congruência de objetivos de um processo significa que os atos e as atitudes que este leva as pessoas a adotar, de conformidade com seus próprios interesses, são também do próprio interesse da organização. (...) No mínimo, portanto, o sistema de controle gerencial não deve encorajar os indivíduos a atuar contra os interesses da organização.

Um exemplo clássico é a busca da constante redução de custos nas empresas. Certas economias têm reflexo no curto prazo, mas a médio e longo prazos o efeito pode ser pernicioso para a companhia. Como reduzir gastos em manutenção, ou em pesquisas, ou em propaganda, ou mesmo em consultoria, ou como dar condições adequadas aos funcionários ou consultores para realizarem suas tarefas, ou em serviços de pós-venda, e assim por diante. A qualidade do produto ou serviço provavelmente irá se deteriorar. A redução desses custos, no curto prazo, aumenta o lucro da empresa. Pode ser que os clientes, por hábito ou por não haver concorrência, continuem adquirindo o produto ou o serviço, mascarando o problema. Com o passar do tempo, eles acabam buscando outros bens substitutos, havendo estímulo para novos concorrentes.

Podemos reforçar: "os funcionários constituem o recurso mais importante que a empresa usa para criar produtos para seus clientes" (Atkinson, Banker, Kaplan e Young, 2000:571).

Eles são os responsáveis pelo planejamento operacional, pela implementação e execução dos mesmos, de forma que sejam alcançados os objetivos da alta gerência. A satisfação desses membros é crucial para o sucesso da empresa. E em troca esperam: salários competitivos, ambiente de trabalho agradável, oportunidade para aprender e crescer profissionalmente. A cultura de sentirem orgulho pelo bom desempenho é essencial. Em outras palavras, há de se confrontar o que foi planejado com o realizado. Assim, ao planejar é natural que as pessoas tendam a agir de acordo com o que foi projetado, pois sabem que serão avaliadas *a posteriori*. É muito importante, ao controlar, que o funcionário não sinta que está sendo avaliado injustamente ou empregando esforço desnecessário, senão ele tenderá a trapacear os objetivos organizacionais.

Outros pontos a considerar são as informações passadas, que servem como um dos principais elementos para projetar o futuro. E, com certeza, iremos aprender, ao confrontar a informação projetada com a realizada, principalmente quando ocorrem variações, que são indício de problema. A busca da razão do problema é um processo de aprendizado. De certa forma, podemos classificar a projeção de uma tarefa como um padrão. Padrão pode ser definido como:

- aquilo que serve de base ou norma para a avaliação (de qualidade, de quantidade, de medida etc.);
- qualquer objeto que serve de modelo à feitura de outro.

Em uma empresa, de certa forma, podemos expressar o padrão como uma forma de comunicar a eficiência operacional esperada. É uma projeção cujos valores informam o que a administração espera alcançar. Em cima desses valores estabelece-se o preço de venda, assim como o lucro previsto.

A explicação entre as informações do que foi planejado e do que foi realizado pode ser expressa por:

- o padrão estabelecido estava errado;
- a implementação foi incorreta;
- a transcrição da informação foi equivocada;
- o processo é randômico.

Afirmar que o padrão estabelecido estava errado significa que as informações empregadas para o planejamento não estão coerentes com a realidade. Em outras palavras, o modelo está errado. Na produção é fácil compreender: ao invés de X kg por unidade, é Y kg. Extrapolando para vendas: a projeção da cota de vendas é utópica; há necessidade de se planejar mais próximo da realidade. A informação transmitida aos escalões inferiores comunica um erro na eficiência operacional esperada.

Erro de implementação significa que, ao realizar a tarefa, a pessoa responsável o fez erradamente. Entre alguns sinais que podem induzir alguém a realizar equivocadamente o serviço, os mais comuns são:

- não foi treinado como deveria;
- não possui o perfil para realizar o trabalho;
- má-fé;
- não está em condições psicomotoras para realizar a tarefa.

Erro na transcrição da informação significa que há uma variação entre o planejado e o realizado devido ao método de mensuração ou a erro de processamento no fluxo da informação. O método de mensuração pode ser muito grosseiro, mostrando variações quando essas efetivamente não ocorreram. Erro em processar informação é comum quando nos distraímos e escrevemos um outro dado que não aquele apresentado, seja porque quem trabalha possui características nefelibatas,[3] seja

[3] Segundo o *Dicionário Aurélio — Século XXI*: que ou quem anda ou vive nas nuvens.

porque o ambiente de trabalho propicia a distração. Esse tipo de erro é muito comum, por exemplo, em alunos realizando provas sob alguma forma de pressão.

O processo é randômico quando outros elementos, como a temperatura ambiente, afetam o estado do insumo. Esse fenômeno ocorre muito na indústria química, posto que as matérias-primas são voláteis ou nem sempre possuem espectros iguais. Para se obter o produto final de acordo com as especificações desejadas, a cada processamento há que empregar mais ou menos matérias-primas, assim como o tempo de processamento pode variar, caso haja necessidade de maturação. Em resumo, pode-se projetar através de um padrão, mas há de se esperar um desvio; contudo esse desvio previsto dentro da estatística apresenta condições quanto a uma razoabilidade aceitável. Normalmente o lucro deve cobrir essas variâncias.

O controle em uma organização objetiva levar os gestores de subunidades a agirem conforme o planejado. Essas subunidades são centros de responsabilidade, assunto do próximo item.

Os centros de responsabilidade

O sistema de controle foca-se nos centros de responsabilidade, que são unidades organizacionais sob a responsabilidade de um gerente. Uma empresa compreende um conjunto de centros de responsabilidade, podendo ser representado por um ou mais retângulos[4] no organograma da empresa, por meio de uma hierarquia. No nível mais alto, o presidente, as diretorias, os departamentos ou unidades de negócios; no nível mais baixo,

[4] No caso do setor de vendas há pelo menos dois centros de responsabilidade: centro de receita e centro de custo. A grande maioria dos setores, na organização, é representada por um único centro de responsabilidade.

seções, turmas de trabalho etc. Cada centro de responsabilidade produz atividades ou resultados (saídas), por meio dos insumos (entradas) que adquire. Por sua vez, sistema de controle gerencial consiste no projeto ou na definição da estrutura do relacionamento entre os insumos ou atividades (entradas) a serem empregados e os resultados ou conjuntos de atividade que o sistema faz (saídas). Este relacionamento define as características dos centros de responsabilidade, que podem ser "centros de investimentos, centros de lucro, centros de receita e centros de custos" (Vancil, 1993).

Do ponto de vista da empresa como um todo, o presidente é um centro de responsabilidade, que pode ser definido como centro de investimento, ou mesmo um centro de lucro. No centro de lucro mensura-se o relacionamento entre as receitas e custos — em outras palavras, o gestor é responsável pela melhor combinação entre receitas e custos. Seu objetivo é maximizar o lucro. Uma grande variedade sobre esse tema surge na forma em que se define o lucro, incluindo nesse valor somente os itens de custos e receitas que estejam sob a responsabilidade do gestor. Por exemplo, um gerente de vendas que tem como responsabilidade estabelecer preço de produtos pode medir o lucro calculando a diferença entre a receita e o custo-padrão de produção e seus custos de vendas. Ele deverá obter um lucro que contribuirá para o lucro líquido, além de pagar uma parte das despesas da administração central. As variações relacionadas com a produção serão da responsabilidade do setor de produção.

Além das características dos centros de lucro, nos centros de investimentos é possível relacionar os ativos neles investidos. Significa que o gestor é também responsável pela magnitude do ativo empregado na obtenção da receita. Naturalmente, o lucro por si só não é uma métrica boa para avaliação de performance: investimento de R$ 1.000.000.000 que apresenta um lucro líquido anual de R$ 1.000.000 é irrelevante, visto representar um retorno de 0,1% ao ano. De certa forma, o administrador terá de tomar decisões para que haja um equilíbrio entre os lucros atuais e os investimentos que aumentarão os lucros futuros. Seu objetivo é maximizar o retorno, que pode ser mensurado através de retorno sobre ativo; retorno sobre o patrimônio líquido; valor econômico adicionado (EVA) etc.

Centro de receita refere-se ao setor responsável pelas vendas (ou marketing). As atividades ou resultados, isto é, as saídas, são avaliadas em termos monetários, e não há nenhuma tentativa formal em relacioná-las com os insumos (ou entradas). O objetivo do administrador é obter o máximo de receita. Em resumo, sua responsabilidade é com as cotas de vendas e preços com que os produtos são vendidos. Nesse tipo de centro só há avaliação pelas atividades ou resultados (saídas), por meio dos termos monetários — as vendas ou receitas. Não há nenhum relacionamento com as entradas, isto é, com as despesas; caso contrário, seria um centro de lucro. Portanto não têm responsabilidade de conseguir lucros; as vendas reais são comparadas com as orçadas. É natural que o setor ou departamento de vendas também seja um centro de despesa, visto necessitar de recursos para poder empreender suas tarefas.

Os centros de custos têm como características os insumos (ou entradas) necessários à realização de suas tarefas e são mensurados em termos monetários, como valor despendido com matérias-primas, salários, força e aluguel. O resultado de seus esforços (ou atividades empreendidas, ou saídas), contudo, não é expresso em termos monetários; temos, por exemplo, unidades produzidas, projetos de engenharia, programação de produção, manutenção dos equipamentos, conselho jurídico, coordenação e gerência de setores e departamentos e tantas outras atividades empreendidas pela organização a fim de atingir seus objetivos. Há dois tipos de centro de custo: padrão e discricionário.

Nos centros de custo-padrão há uma correlação explícita entre os insumos (entradas) consumidos pelo centro e as atividades ou resultados (saídas) obtidos. Por exemplo, para se produzir um terno necessita-se de 3 m de tecido, e 1 m desse tecido deverá custar R$ 30. Se forem produzidos 10 mil ternos num determinado período, o custo do tecido deverá ser de R$ 900.000 (10 mil ternos × 3 m/terno × R$ 30/m). Ao término do período podemos confrontar quanto se gastou com tecido com o que se deveria gastar. Este capítulo tem por fim desenvolver o raciocínio sobre controles para centros de responsabilidades classificados como centros de receita e centros de custos-padrão, que são realizados através do conceito de orçamento flexível. É bom lembrar que centros de lucro são compostos de centros de receita e centros de custos e que para compreender a variação entre o lucro orçado e o real necessita-se detalhar as variações por meio dos centros de receita e centros de custos.

Um centro de custo é classificado como discricionário quando suas atividades ou resultados (isto é, saídas) não são mensuráveis em termos financeiros ou por unidades. Não há uma correlação explícita entre os recursos utilizados (os insumos ou as entradas) e o resultado obtido. Em outras palavras, não há como extrapolar com certa confiabilidade que, ao empregar um conjunto de insumos (ou entradas) para realizar uma tarefa, sempre obteremos o resultado (saída) esperado, até porque é impossível obter os insumos de forma padronizada. O termo "discricionário" não indica que a decisão é ao acaso ou por capricho dos gestores. O gasto com esse tipo de atividade depende do discernimento de seus respectivos gestores. Uma empresa pode ter um número pequeno de advogados trabalhando exclusivamente para ela e uma outra, no mesmo ramo, um plantel cinco vezes maior. Os gestores de ambas as empresas podem estar convencidos de que estão absolutamente corretos; não há um meio objetivo de julgar qual empresa tomou a decisão correta.

Exemplos de despesas discricionárias nas empresas: pesquisa e desenvolvimento, propaganda, advogados, administradores da empresa, entre eles os diretores etc. O julgamento da performance de qualquer um desses setores é extremamente difícil. Imagine julgar o departamento jurídico. Não se pode avaliar "como" só porque a causa foi ganha. Suponha que essa era uma causa em que a empresa estava totalmente legal quanto ao que se discutia e era popularmente dita como ganha antes do julgamento. Seu valor poderia atingir R$ 1.000.000, contudo o juiz estipulou R$ 1.000. Como se pode evidenciar, o julgamento é subjetivo, exigindo o posicionamento de especialistas.

Não há forma de relacionar claramente as atividades ou os resultados (ou saídas) objetivados por um desses setores da organização com os recursos empregados na obtenção desses objetivos. Esses centros de custos possuem despesas (ou custos) conhecidas como custos gerenciais, isto é, a decisão de quanto será alocado a cada rubrica é sujeita à discrição gerencial. Esta discrição na determinação de quanto de recursos será necessário a cada item de custo é um grau de subjetividade, dentro de um limite considerado razoável pelos membros da gerência da organização.

Os recursos empregados na administração da organização são também exemplos clássicos de despesas discricionárias. E, provavelmente, uma das razões de denominar esse tipo de custo da forma "custo de estar no negócio". A função gerencial é definir e atingir os objetivos da empresa de forma coerente com as expectativas dos acionistas e a sobrevivência da entidade, procurando sempre que possível elevar o valor da firma. A pergunta é: quanto deverá ser gasto com esses setores? Qual o salário a ser pago a um diretor? Que benefícios deverão ser ofertados? O que vai motivá-los a agir de acordo com as expectativas dos acionistas? A discussão sobre centros de despesas discricionárias não faz parte deste livro. A seguir apresentaremos o conceito do orçamento flexível, técnica que permite gerar sistemas de controle ajudando o tomador de decisão na avaliação de seus problemas.

Sistema de controle: orçamento flexível

Os valores orçados, quando confrontados com os reais, desempenham um papel de controle no sistema de planejamento gerencial. A comparação (real *versus* orçada) baseada em um único nível operacional é conhecida como orçamento estático (Hornegren, Foster e Datar, 2000). O orçamento estático compara as atividades (ou resultados) e gastos efetivamente incorridos com os orçados, considerando somente os valores projetados e os realizados. Por exemplo, a Empresa LLL Comestíveis projeta vender e produzir 9 mil bolos. O preço de venda projetado para cada bolo será de R$ 24, sendo o padrão para produzir um bolo o que está explicitado a seguir.

Padrão para produção do bolo

Insumo	Insumo por bolo	Preço por unidade	Preço para um bolo (R$)
Farinha	1 kg	R$ 3,80/kg	3,80
Manteiga	0,25 kg	R$ 24,00/kg	6,00
Mão-de-obra direta	0,5 h-h	R$ 10,00/h-h	5,00
Custos variáveis padrão para um bolo			14,80
Custos fixos para operar ao nível desejado			70.000,00

Obs.: h-h = homem-hora.

O padrão foca em uma unidade. Assim, para 9 mil bolos, a receita projetada deverá ser de R$ 216.000 e os custos deverão totalizar como demonstrado:

CUSTOS PROJETADOS PARA 9 MIL BOLOS

Insumos	Custos (R$)
9.000 kg de farinha	34.200
2.250 kg de manteiga	54.000
4.500 h-h de mão-de-obra direta	45.000
Custos variáveis para 9 mil bolos	133.200
Custos fixos	70.000

Obs.: h-h = homem-hora.

A demonstração de resultado projetado, baseada no custeio variável, para o volume de 9 mil será:

DEMONSTRAÇÃO DE RESULTADO PROJETADO PARA 9 MIL BOLOS

Itens	Valor (R$)
Receita	216.000
(–) Custos variáveis	133.200
= Margem de contribuição	82.800
(–) Custos fixos	70.000
= Lucro	12.800

O problema surge quando o volume real se diferencia do projetado e esses valores são confrontados objetivando detectar problemas e controlar a operação. Imagine que durante o período foram produzidos 7 mil bolos: a receita obtida foi de R$ 182.000 e os gastos reais com os insumos foram:

Consumo e custos incorridos pelos insumos

Insumos	Custos (R$)
7.300 kg de farinha	29.200
1.900 kg de manteiga	47.000
3.300 h-h de mão-de-obra direta	36.300
Custos variáveis incorridos	112.500
Custos fixos	70.300

Obs.: h-h = homem-hora.

Os relatórios de desempenho confrontando os valores orçados com o real podem ser assim apresentados:

Demonstração de resultado — custeio variável
Relatório de desempenho

	Real	Variação	Orçado
Quantidade	7.000	(2.000)	9.000
Receita (R$)	182.000	34.000 D	216.000
(–) Custos variáveis (R$)	112.500	20.700 F	133.200
(=) Margem de contribuição (R$)	69.500	13.300 D	82.800
(–) Custos fixos (R$)	70.300	300 D	70.000
(=) Lucro (R$)	(800)	13.600 D	12.800

Obs.: F = favorável; D = desfavorável.

Relatório de desempenho dos custos

	Real	Variação	Orçado
Quantidade	7.000	(2.000)	9.000
Farinha (R$)	29.200	5.000 F	34.200
Manteiga (R$)	47.000	7.000 F	54.000
Mão-de-obra direta (R$)	36.300	8.700 F	45.000
Custos variáveis: total (R$)	112.500	20.700 F	133.200
Custos fixos (R$)	70.300	300 D	70.000

Obs.: F = favorável; D = desfavorável.

A forma de apresentar as informações como aqui foi feito é conhecida por orçamento estático, pois não permite aos executivos avaliar a origem do problema. Ao se analisarem as informações nos relatórios de desempenho, seja na demonstração de resultado, seja na de custos, geram-se elementos conturbadores que não permitem definir responsabilidade. Por exemplo, a diferença entre o lucro projetado e o prejuízo realizado é devida a: não se ter atingido a cota de vendas; o preço unitário cobrado pelo bolo ser diferente do projetado; ou por a operação, isto é, a produção, não ter custado como deveria. Provavelmente o responsável pela produção, com base no relatório de custo, dirá que foram gastos menos R$ 20.700 do que se havia projetado com os custos variáveis. Mesmo considerando-se os custos fixos que tiveram uma variação desfavorável de R$ 300, há ainda R$ 20.400 favoráveis com sua operação. Esses relatórios são de pouca valia para a administração, podendo até induzir a decisão errônea. Para evitar tal problema, apresentaremos a seguir o uso da técnica do orçamento flexível aplicado ao setor comercial.

Orçamento flexível — setor comercial

Esse problema poderá ser explicitado se, ao invés de empregar o orçamento estático, a empresa utilizar o orçamento flexível. A diferença entre os orçamentos estático e flexível ocorre no processo *a posteriori* do planejamento, isto é, quando se elaboram os relatórios de desempenho. Nesse tipo de relatório, das variações entre o planejado e o realizado, há uma terceira coluna, que apresenta informações como se houvesse orçado o volume efetivamente incorrido, isto é, como se o orçamento fosse para 7 mil unidades. No caso da demonstração de resultado, se tivéssemos orçado para a quantidade real de 7 mil bolos, teríamos:

Demonstração de resultado — custeio variável
Projetado para 7 mil bolos

Itens	Valor (R$)
Receita	168.000
(–) Custos variáveis	103.600
= Margem de contribuição	64.400
(–) Custos fixos	70.000
= Lucro	(5.600)

Com 7 mil bolos, operando de acordo com expectativa operacional da organização, a empresa deveria incorrer num prejuízo de R$ 5.600. Ao confrontar essas três informações (reais, orçadas ao volume efetivamente incorrido [isto é, a 7 mil bolos] e a orçada inicialmente [9 mil bolos]), as variações podem ser explicadas. Quando a cota projetada de venda for diferente da real, o lucro ajustado (La) será diferente do lucro orçado (Lo). Parte da diferença entre os lucros real e orçado pode ser explicada por não ter atingido a cota de vendas, que é, *a priori*, de responsabilidade do setor de vendas. Esse relatório permitirá explicitar essas variações. As variações operacionais de responsabilidade da produção serão discutidas *a posteriori*. Contudo entre essas há a variação devido ao fato de o preço real (Pr) ser diferente do preço que se projetou (Po), que é, *a priori*, também de responsabilidade do setor de vendas (ou de marketing).

A seguir apresentamos, de forma genérica, as variações comercial e operacional. A variação comercial explica a variação no lucro devido à cota de venda real (Qr) ser diferente da cota de venda orçada (Qo). E se a quantidade real for menor, a variação é desfavorável no que toca à receita, à margem de contribuição e ao lucro. Quanto ao custo, ele é favorável quando o valor inicialmente orçado (Qo) for maior.

As variações, devido à operação, mostram que, ao se implementarem as decisões, essas divergiram das expectativas: o preço real (Pr) é diferente do que se projetava inicialmente (Po); os custos (CVr ou CFr), sejam pelo uso dos insumos ou pelos valores (isto é, preços) pagos pelos mesmos, não coincidem com as expectativas (CVo ou CFo). As variações operacionais serão favoráveis se os valores da receita, da margem de contribuição e do lucro e reais forem maiores que os ajustados; quanto aos custos, esses terão variações favoráveis se os custos reais forem menores que os ajustados.

	Real	Variação de operação	Orçada: ajustada ao nível real	Variação comercial	Orçada: ao nível inicial
Receita	Pr x Qr	Qr(Pr – Po)	Po x Qr	Po(Qr – Qo)	Po x Qo
(–) Custos variáveis	CVr x Qr	Qr(CVr – CVo)	CVo x Qr	CVo (Qr – Qo)	CVo x Qo
(=) Margem de contribuição	MCr x Qr	Qr(MCr – MCo)	MCo x Qr	MCo (Qr – Qo)	MCo x Qo
(–) Custos fixos	CFr	CFr – CFo	CFo	0 (zero)	CFo
(=) Lucro	Lr	Dif. devida à operação	La	Dif. devida às vendas	Lo

Obs.: (r) real; (a) ajustado ao nível real; (o) orçado.

Ao ajustar os valores que variam com a unidade (preço e custos variáveis) pela quantidade efetivamente incorrida (Qr), teremos uma coluna com valores que nos dizem qual lucro deveria se cumprir com os objetivos relacionados com as variáveis cujas decisões são influenciadas por fatores internos (também conhecidas como variáveis endógenas, porque os gestores de certa forma influenciam as decisões que estão ao seu alcance, devendo tomá-las conforme os valores orçados). Em outras palavras, eles podem decidir vender pelo preço orçado, comprar e produzir de acordo com os fatores técnicos projetados (isto é, conforme o padrão de produção) e incorrer com os custos fixos conforme projetado ou orçado.

Assim, essa coluna de valores ajustados ao nível operacional real (Qr), quando confrontada com os valores orçados, mostrará a diferença no lucro devida única e exclusivamente à quantidade real (Qr) não ser igual à quantidade orçada (Qo). Do outro lado, as variações devidas às variáveis endógenas são explicitadas: na receita, porque o Pr é diferente do Po; e nos custos variáveis, porque nas aquisições ou nos usos dos recursos os valores orçados para uma unidade (cvo) são diferentes dos custos variáveis reais para essa unidade (CVr). Da mesma forma, se há diferença entre os custos fixos reais (CFr) e os custos fixos orçados (CFo) essas são expostas.

Empregando esse relatório de desempenho para o nosso exemplo, temos:

	Real	Variação de operação	Orçada: ajustada ao nível real	Variação comercial	Orçada: ao nível inicial
Quantidade	7.000	0	7.000	(2.000) D	9.000
Receita (R$)	182.000	14.000 F	168.000	48.000 D	216.000
(–) Custos variáveis (R$)	112.500	8.900 D	103.600	29.600 F	133.200
(=) Margem de contribuição (R$)	69.500	5.100 F	64.400	18.400 D	82.800
(–) Custos fixos (R$)	70.300	300 D	70.000	0	70.000
(=) Lucro (R$)	(800)	4.800 F	(5.600)	18.400 D	12.800

Obs.: (F) favorável; (D) desfavorável.

O setor de vendas (ou de marketing) é responsável por reduzir o lucro projetado em R$ 18.400, pelo fato de não ter atingido a cota de vendas. Em contrapartida, por ter vendido a um preço superior ao orçado, esse valor, R$ 18.400, foi reduzido em R$ 14.000, que é a variação favorável do preço. Dessa forma, ao avaliar o setor de vendas, podemos inferir que ocorreu uma variação conjunta desfavorável de R$ 4.400 (sendo R$ 18.400 desfavoráveis da variação comercial mais R$ 14.000 favoráveis da variação de preço).

Outros setores internos na organização, por sua vez, contribuíram para a redução de R$ 9.200 no lucro (sendo, R$ 8.900 desfavoráveis, relativos aos custos variáveis, mais R$ 300 desfavoráveis, relativos aos custos fixos). Assim, o prejuízo de R$ 800, ao invés do lucro inicialmente orçado de R$ 12.800, é devido:

- ao valor de R$ 4.400 (desfavorável) da responsabilidade do setor de vendas;
- aos R$ 9.200 (desfavorável) da responsabilidade dos outros setores internos,

totalizando R$ 13.600 (R$ 4.400 mais R$ 9.200). Ao descontar este valor de R$ 13.600 do lucro projetado de R$ 12.800, há um prejuízo de R$ 800. Os valores que levaram a uma redução de R$ 9.200 no lucro serão detalhados quando discutirmos os critérios de avaliação dos setores da produção, que serão apresentados mais adiante.

Outro ponto a destacar é a variação relacionada ao preço. Em muitas situações, uma variação operacional pode ocorrer por ser o preço real (Pr) diferente do preço orçado (Po). Em certas situações, a empresa tem que dar liberdade aos vendedores para que possam dar descontos, a fim de conseguirem as respectivas vendas. Nesse caso, o desconto médio deverá estar incluso no preço médio do produto, isto é no Po, como se pode perceber, essa variável está sob influência das pessoas internas à organização, sendo classificada como variável endógena. No exemplo anterior, a variação operacional de preço é favorável — o preço real empregado foi maior do que o orçado, o que raramente ocorrerá.

Como já apresentado, ao analisar o setor de vendas (ou de marketing), o executivo deverá considerar a variação no lucro devida à cota de vendas (ou variação comercial) e a esta deverá somar, se for favorável, ou diminuir, se for desfavorável, a variação operacional de preço. O setor de vendas poderá dar desconto superior ao projetado e, em contrapartida, aumentar o volume de vendas real (Qr) em proporção superior ao aumento do preço (Pr), resultando numa variação positiva do lucro. O importante é que essas variações ajudam o executivo a visualizar onde está o problema. Como supramencionado, não haverá uma resposta imediata, mas uma sinalização do problema. Esse procedimento é equivalente ao mostrador de óleo de um carro. Ao acender, ele pode mostrar-se sem óleo porque: acabou o óleo, houve um vazamento na junta do motor, no *carter* há um furo etc. O importante é que há um problema no sistema de óleo e o mecânico deverá se aprofundar a fim de detectar qual o problema e solucioná-lo.

Uma vez avaliado o desempenho do setor comercial, os gestores deverão verificar quão adequadamente o setor de produção atingiu as metas planejadas. Esse procedimento é a razão do próximo item.

Orçamento flexível — setor de produção

Apesar de sabermos intuitivamente que uma produção menor significa menores gastos com insumos, o relatório de desempenho, empregado pelo orçamento estático, não nos permite constatar efetivamente esse conceito. Se a performance do gestor da produção estiver sendo avaliada, conforme já apresentamos, donde os valores originalmente orçados são confrontados com os reais, tal qual o relatório de desempenho dos custos, dificilmente conseguiremos convencê-lo de que foi ineficiente.

Certamente ele achará que foi injustiçado, já que as variações dos insumos sob sua responsabilidade foram favoráveis.

RELATÓRIO DE DESEMPENHO DOS CUSTOS

	Real	Variação	Orçado
Quantidade	7.000	(2.000)	9.000
Farinha (R$)	29.200	5.000 F	34.200
Manteiga (R$)	47.000	7.000 F	54.000
Mão-de-obra direta (R$)	36.300	8.700 F	45.000
Custos variáveis: total (R$)	112.500	20.700 F	133.200
Custos fixos (R$)	70.300	300 D	70.000

Esse tipo de relatório induz os gestores da produção a tomarem decisões incongruentes com os interesses da companhia. Toda vez que a produção é menor que a projetada, as variações tendem a ser favoráveis, estimulando os gestores da produção a "fazerem corpo mole" caso haja um aumento de demanda, visto que em uma produção maior do que a orçada deverá haver um consumo maior de matéria-prima e dos outros insumos variáveis de produção.

No orçamento flexível, a análise para avaliação de performance, seja com as cotas de vendas, seja com os gastos com insumos, é bem rica, permitindo identificar melhor as variações. O relatório de desempenho do supervisor de produção baseia-se no padrão de comportamento dos custos e, em sua análise *a posteriori*, os insumos têm seus valores reais comparados com os ajustados em nível de atividade efetivamente incorrida. Isto significa que no exemplo anterior os gastos com farinha, manteiga e mão-de-obra direta são comparados com os valores que deveriam ter ocorrido caso o planejamento tivesse sido para 7 mil bolos. Assim, o primeiro passo é empregar o padrão de produção, que é o comportamento dos custos para produzir um bolo. Em outras palavras, a eficiência esperada na empresa para a produção de um bolo.

Padrão para produção de um bolo

Insumo	Insumo por bolo	Preço por unidade (R$)	Preço para um bolo (R$)
Farinha	1 kg	3,80/kg	3,80
Manteiga	0,25 kg	24,00/kg	6,00
Mão-de-obra direta	0,5 h-h	10,00/h-h	5,00
Custos variáveis padrão para um bolo			14,80
Custos fixos para operar ao nível desejado			70.000,00

A empresa está orçando gastar R$ 70.000 com custos fixos para ter uma capacidade de produção de 9 mil bolos. Os custos fixos deverão se manter constantes, mesmo que a produção se diferencie do que se planeja. Contudo os custos variáveis deverão ter um comportamento em que se esperam valores variando em função do que se efetivamente produziu. No nosso exemplo, ao produzir 7 mil bolos, os valores esperados com os custos variáveis deveriam ser como demonstrado a seguir.

Valores esperados com os custos variáveis

Quantidade	7.000
Farinha (R$)	26.600
Manteiga (R$)	42.000
Mão-de-obra direta (R$)	35.000
Custos variáveis: total (R$)	103.600

Dessa forma, o relatório de desempenho de produção pode explicar melhor as variações se for apresentado como a seguir.

RELATÓRIO DE DESEMPENHO

	Real	Variação	Ajustado ao nível real
Quantidade	7.000		7.000
Farinha (R$)	29.200	2.600 D	26.600
Manteiga (R$)	47.000	5.000 D	42.000
Mão-de-obra direta (R$)	36.300	1.300 D	35.000
Custos variáveis: total (R$)	112.500	8.900 D	103.600
Custos fixos (R$)	70.300	300 D	70.000
Variação total dos custos (R$)		**9.200 D**	

Obs.: D: desfavorável.

Neste relatório os valores orçados são ajustados como se tivessem sido planejados para uma produção igual à efetivamente incorrida. Desse modo, a base para comparação é mais justa. A atitude do supervisor não será de sentir-se injustiçado. Esse sistema de informação o induz a produzir conforme o padrão, isto é, o padrão é um meio de comunicação de como queremos a produção. Em resumo: o padrão representará a eficiência operacional desejada pela empresa. É extremamente importante mencionar que a decisão de preço do produto baseia-se no custo-padrão, pois significa o que se espera do setor de produção, assim como a avaliação estimulará o supervisor a produzir conforme o padrão. Em outras palavras, consumir 1 kg de farinha para cada bolo e adquirir esse 1 kg por R$ 3,80. O supervisor terá a motivação de agir conforme o padrão para todos os custos variáveis sob sua responsabilidade.

A exposição apresentada anteriormente mostra que o orçamento estático compara as atividades (ou resultados) com os planos iniciais, independentemente de mudanças nas condições que se seguiram. Como responsável por uma empresa, provavelmente você quereria um relatório de desempenho que identificasse melhor os problemas que estão ocorrendo. O orçamento flexível serve como uma base dinâmica de comparação: o padrão representa a eficiência esperada para cada unidade. Uma vez tendo-se conhecimento do nível operacional ocorrido, os valores a serem empregados para comparação com o real são automaticamente relacionados com os valores reais.

Como mencionamos, é razoável supor que o executivo da empresa gostaria de ter um relatório de desempenho mais detalhado para melhor decidir sobre o problema da empresa. E, em primeiro plano, há sempre a pergunta: *por que o lucro projetado é diferente do real?* Por meio do relatório de desempenho que informa a variação comercial ele tem conhecimento sobre a variação do lucro devido à cota de venda projetada ser diferente da real; no item preço na variação operacional explicita-se a variação devida ao fato de o preço real da unidade ser diferente do planejado. Falta, contudo, entender as variações relacionadas aos custos variáveis, como a da farinha, que é de R$ 2.600 desfavoráveis. Outrossim, essa variação não explicita se é por utilizar o recurso diferente do que se tinha projetado e/ou ter adquirido o recurso a um preço diferente do que se tinha planejado.

Essa análise realizada para cada item do custo variável mostra sucintamente o efeito na diferença entre o lucro projetado e o real devido, única e exclusivamente, ao não-cumprimento dos comportamentos dos custos variáveis da organização. E, naturalmente, a análise se baseia em que o custo total de um desses itens é composto por dois fatores: quantidade de insumo e custo unitário deste.

E, quando estivermos nos referindo ao valor-padrão ao nível de atividade efetivamente incorrida, estaremos mencionando um valor igual à multiplicação da quantidade de insumo projetada para a atividade real (isto é, insumo-padrão) pelo custo unitário projetado do insumo. Em outras palavras, a quantidade de insumo-padrão no nível de atividade real é obtida multiplicando-se o insumo-padrão para uma unidade (no caso da farinha, 1 kg/bolo) pela atividade efetivamente incorrida (que no exemplo foi a produção de 7 mil bolos): 7 mil kg de farinha é o insumo-padrão para 7 mil bolos. O custo-padrão a esse nível de atividade (7 mil bolos) é obtido multiplicando-se o insumo-padrão ao nível de atividade real (7 mil kg) pelo custo esperado de compra de uma unidade do insumo (1 kg), que é R$ 3,80/kg. Assim, o custo-padrão da farinha a esse nível de atividade é de R$ 26.600 (7 mil kg × R$ 3,80/kg).

O valor real é conseqüência da multiplicação da quantidade real do insumo pelo custo unitário real deste. A informação que obtivemos na contabilidade financeira é: o consumo real do insumo (ou insumo real) foi de 7.300 kg ao valor de R$ 29.200. O custo unitário real pode ser obtido dividindo-se R$ 29.200 (o valor de 7.300 kg de farinha) por 7.300 kg. O importante é: o valor R$ 29.200 é composto do uso de 7.300 kg (insumo real) multiplicado por R$ 4/kg (preço real do insumo).

A diferença entre R$ 26.600 e R$ 29.200 resulta em R$ 2.600 desfavoráveis e não explicita se a diferença é devida ao uso do insumo ou do preço do produto. Contudo esses *rationales* podem ser apresentados se, no meio desses dois valores, tivermos um outro, que é a multiplicação do insumo real (7.300 kg) pelo custo-padrão de uma unidade do insumo (R$ 3,80/kg): R$ 27.740.

A diferença entre R$ 27.740 e R$ 29.200, que resulta em R$ 1.460 desfavoráveis, será devida ao fato de o preço real diferenciar do preço previsto (ou orçado). O valor de R$ 27.740 é composto do insumo real (7.300 kg) vezes o preço-padrão para uma unidade do insumo (R$ 3,80/kg). Já o valor R$ 29.200 é obtido pelo produto do insumo real (7.300 kg) pelo preço real de uma unidade do produto (R$ 4/kg). Essa variação de R$ 1.460 é conhecida como "variação de preço". Visto que o insumo é o mesmo nos cálculos dos dois valores (7.300 kg), o valor que pode se diferenciar é o do preço (R$ 4/kg e R$ 3,80/kg).

A diferença entre R$ 26.600 e R$ 27.740, que resulta em R$ 1.140 desfavoráveis, será motivada pela quantidade de insumo real diferente da prevista (ou orçada). O valor de R$ 27.740 é composto por insumo real (7.300 kg) vezes o preço-padrão para uma unidade do insumo (R$ 3,80/kg). Já o valor R$ 26.600 é obtido pelo produto do insumo-padrão (7 mil kg) pelo preço-padrão de uma unidade do produto (R$ 3,80/kg). Essa variação de R$ 1.140 é conhecida como "variação de eficiência" (ou de quantidade). Posto que o preço é o mesmo nos cálculos dos dois valores (R$ 3,80/kg), a diferença pode ocorrer porque as quantidades de insumos, reais e previstas, são diferentes (7.300 kg e 7 mil kg)

A variação total do custo da farinha, de R$ 2.600 desfavoráveis, é explicada por: R$ 1.460 desfavoráveis devido ao preço e R$ 1.140 desfavoráveis devido ao uso do insumo.

Expressando de forma genérica as explicações anteriores, pode-se dizer que a diferença do custo pelos valores computados nos informa a causa da variação — se foi devido ao preço ou à eficiência, pois:

- variação de eficiência (ou de quantidade) = (quantidade de insumo projetada para a atividade real × custo unitário projetado do insumo) – (quantidade real do insumo × custo unitário projetado do insumo) = (quantidade de insumo projetada para a atividade real – quantidade real do insumo) × custo unitário projetado do insumo;
- variação de preço = (quantidade real do insumo × custo unitário projetado do insumo) – (quantidade real do insumo × custo unitário real do insumo) = (custo unitário projetado do insumo – custo unitário real do insumo) × quantidade real do insumo.

Como se pode verificar, a variação de eficiência se baseia na diferença das quantidades, projetadas e reais, enquanto a de preço, no custo de aquisição, projetado e real. Se o valor encontrado for negativo, diz-se que há uma variação desfavorável, que é representada pela letra D; se positiva a variação, é dita favorável, representada pela letra F.

Em resumo, a variação de R$ 2.600 D é devida: a R$ 1.140 D pela utilização de farinha a mais do que havia se planejado inicialmente; a R$ 1.460 D por terem adquirido o quilo da farinha mais caro do que se projetou. Uma forma para descrever essas variações é:

ANÁLISE DA FARINHA

Real	Ajustado	Padrão
Insumo real × Preço real	Insumo real × Preço-padrão	Insumo-padrão × Preço-padrão
7.300 kg × R$ 4/kg R$ 29.200	7.300 kg × R$ 3,80/kg R$ 27.740	7.000 kg x R$ 3,80/kg R$ 26.600
R$ 1.460 D Variação de preço		R$ 1.140 D Variação de eficiência

As análises para a manteiga e a mão-de-obra direta são iguais às apresentadas para a farinha. Tente resolver o quadro a análise da manteiga. A resposta encontra-se mais adiante neste capítulo.

ANÁLISE DA MANTEIGA

Real	Ajustado	Padrão
Insumo real × Preço real	Insumo real × Preço-padrão	Insumo-padrão × Preço-padrão
Variação de preço		Variação de eficiência

O insumo-padrão de manteiga para a produção de 7 mil bolos é .... kg (lembre-se: cada bolo deverá consumir 0,25 kg de manteiga). O consumo real do insumo foi de 1.900 kg de manteiga a um custo de R$ 47.000.

O insumo-padrão da mão-de-obra direta para a produção de 7 mil bolos é .... h-h (lembre-se: cada bolo deverá consumir 0,5 h-h da mão-de-obra direta). O consumo do insumo real foi de 3.300 h-h da mão-de-obra direta, a um custo de R$ 36.300.

ANÁLISE DA MÃO-DE-OBRA DIRETA

Real	Ajustado	Padrão
Insumo real × Preço real	Insumo real × Preço-padrão	Insumo-padrão × Preço-padrão
Variação de preço		Variação de eficiência

Uma vez compreendidos os conceitos das variações entre o valor real e o projetado, considerando o nível de atividade real, temos de discutir as variações referentes aos custos fixos. Diferentemente dos custos variáveis, o comprometimento com os custos fixos ocorre antes das atividades efetivamente acontecerem. Para se produzirem 9 mil bolos, temos de comprar máquinas, alugar o galpão, contratar técnicos para o processo produtivo etc. antes de iniciarmos a produção. Se não conseguimos vender, mas mantemos a expectativa de fazê-lo no futuro, manteremos a mesma estrutura. Dessa forma, esses custos são conhecidos como custos comprometidos e sua análise será discutida no próximo item.

Orçamento flexível: controle dos custos fixos

Os custos variáveis, como a farinha, a manteiga e a mão-de-obra, empregam o mesmo tipo de análise apresentada anteriormente. Os custos fixos é que apresentam um comportamento diferenciado. As empresas incorrem em custos fixos objetivando operar em um determinado nível, daí serem também conhecidos como custos de capacidade, visto limitarem a capacidade operacional da empresa. Outra característica relacionada a esses custos é de que eles acontecem antes do evento vendas ocorrer. As companhias têm de se preparar para atender seus clientes: alugam ou compram imóveis, contratam e treinam funcionários, consomem energia e outros tantos itens necessários para poderem operar.

No nosso exemplo planejou-se consumir R$ 70.000 para uma produção de 9 mil bolos. A Empresa LLL Comestíveis teve que se comprometer com esses gastos, já que o nível projetado demandava tais recursos. Em outras palavras, para cada bolo que fosse produzido deveria haver uma apropriação através de um taxa de R$ 7,78 (R$ 70.000/9 mil bolos). Como durante o período não se sabe efetivamente o volume que será produzido, a cada unidade completada (isto é, produzida) aplica-se a taxa de R$ 7,78. Ao término do período, aplicaram-se às unidades realmente incorridas o valor de R$ 54.460 (7 mil bolos × R$ 7,78/bolo). Contudo os gastos reais com os custos fixos atingiram o valor de R$ 70.300. Há, portanto, duas variações: a) a diferença entre o valor orçado e o valor real, conhecida como variação orçamentária; b) a diferença entre o valor alocado e o valor orçado, denominada variação de capacidade. No caso de a atividade real ser igual à orçada, a variação de capacidade será zero. Essa variação explica quanto encareceu ou barateou o produto por não se utilizar a capacidade conforme programado; o produto ficará mais caro se o volume efetivamente incorrido for menor que o planejado, barateando no caso inverso. A análise dessas variações está expressa assim:

Análise dos custos fixos

Real	Orçado	Aplicado
R$ 70.300	R$ 70.000	7 mil bolos × R$ 7,78/bolo R$ 54.460
R$ 300 D Variação orçamentária		R$ 15.540 D Variação de capacidade

Podemos, em adição, detalhar as informações acima para o custo a ser apropriado ao produto. Antes de o período encerrar, projetávamos um custo fixo por bolo de R$ 7,78; ao término do período esse custo foi de R$ 10,04 (R$ 70.300/7 mil bolos), que pode ser detalhado da seguinte forma:

Apropriação dos custos fixos no custo unitário

Itens	Cálculo	Valor (R$)
Custo projetado	R$ 70.000/9 mil bolos	7,78
Variação de capacidade	R$ 15.540/7 mil bolos	2,22
Variação orçamentária	R$ 300/7 mil bolos	0,04
Custo real		10,04

Uma forma interessante de analisar é que se projetava inicialmente alocar R$ 7,78 a cada bolo de custos fixos. Contudo houve um aumento para R$ 10,04, sendo: a) R$ 2,22 por não empregar a capacidade esperada; b) R$ 0,04 por gastar mais do que o orçado.

Respostas

Análise da manteiga

O insumo-padrão de manteiga para a produção de 7 mil bolos é 1.750 kg (lembre-se: cada bolo deverá consumir 0,25 kg de manteiga). O consumo do insumo real foi de 1.900 kg de manteiga a um custo de R$ 47.000.

ANÁLISE DA MANTEIGA

Real	Ajustado	Padrão
Insumo real × Preço real	Insumo real × Preço-padrão	Insumo-padrão × Preço-padrão
1.900 kg × R$ 24,73684	1.900 kg × R$ 24,00/kg	1.750 kg × R$ 24,00/kg
R$ 47.000	R$ 45.600	R$ 42.000
R$ 1.400 D Variação de preço	R$ 3.600 D Variação de eficiência	

Análise da mão-de-obra direta

O insumo-padrão da mão-de-obra direta para a produção de 7 mil bolos é de 3.500 h-h (lembre-se: cada bolo deverá consumir 0,5 h-h da mão-de-obra direta). O consumo do insumo real foi de 3.300 h-h da mão-de-obra direta a um custo de R$ 36.300.

Análise da mão-de-obra direta

Real	Ajustado	Padrão
Insumo real × Preço real	Insumo real × Preço-padrão	Insumo-padrão × Preço-padrão
3.300 h-h × R$ 11/h-h R$ 36.300	3.300 h-h × R$ 10/h-h R$ 33.000	3.500 h-h × R$ 10/h-h R$ 35.000
R$ 3.600 D Variação de preço	R$ 2.000 F Variação de eficiência	

A seguir disponibilizamos um exercício com o objetivo de testar seu auto-aprendizado quanto ao capítulo. Caso cometa algum erro, retorne ao item e o reveja. Aconselhamos fazer o exercício fora do livro, de forma a repeti-lo quantas vezes forem necessárias.

Exercício para sistema de controle

A Pé-de-Laque é uma empresa que produz e comercializa tênis para jovens. Durante o período de dezembro de 20X1 projetou os seguintes resultados:

Receita:	R$ 4.000.000
(–) Custos variáveis	R$ 1.120.000
= Margem de contribuição	R$ 2.880.000
(–) Custos fixos	R$ 1.500.000
= Lucro	R$ 1.380.000

Essa projeção da demonstração de resultados foi baseada nos seguintes objetivos e padrão de produção:

- preço de venda por par de tênis — R$ 50
- venda projetada em par de tênis — 80 mil

- materiais empregados em um par de tênis (3 kg a R$ 3/kg) — R$ 9
- mão-de-obra direta por par de tênis (0,5 h a R$ 10/h) — R$ 5

Ao término de dezembro de 20X1 a contabilidade registrou as informações a seguir.

1. Na demonstração de resultados do período:

Receita	R$ 4.125.000
(–) Custos variáveis	R$ 1.149.000
= Margem de contribuição	R$ 2.976.000
(–) Custos fixos	R$ 1.510.000
= Lucro	R$ 1.466.000

2. O volume produzido e comercializado foi de 75 mil pares de tênis.
3. O consumo de materiais foi de 250 mil kg ao valor total de R$ 750.000.
4. A mão-de-obra direta empregada na produção registrou um consumo de 38 mil horas ao custo total de R$ 399.000.

Pede-se:

a) Utilize a planilha a seguir para mostrar as variações entre os valores reais, os valores do orçamento flexível e os valores do orçamento geral.

	Real	Variação	Orçado: ajustado ao nível de atividade	Variação	Orçamento geral
Vendas em par de tênis	75.000	0	75.000	5.000 D	80.000
Receita (R$)					
Custos variáveis (R$)					
Margem de contribuição (R$)					
Custos fixos (R$)					
Lucro (R$)					

b) Explique as variações de preço e eficiência dos materiais e diga se são favoráveis ou desfavoráveis.

Obs.: Lembre-se de que para um par de tênis o padrão é .... kg. Como se produziram e comercializaram .... pares de tênis, o insumo-padrão para esse volume é de .... kg.

Real	Ajustado	Padrão
Insumo real × Preço real ....kg × R$ ..../kg R$	Insumo real × Preço-padrão ....kg × R$ ..../kg R$	Insumo-padrão × Preço-padrão ....kg × R$ ..../kg R$ ....
R$ .... Variação de preço	R$ .... Variação de eficiência	

c) Explique as variações de preço e eficiência da mão-de-obra direta e diga se são favoráveis ou desfavoráveis.

Obs.: Lembre-se de que para um par de tênis o padrão é........... h. Como se produziram e comercializaram .... pares de tênis, o insumo-padrão para esse volume é de .... h.

Real	Ajustado	Padrão
Insumo real × Preço real ....h × R$ ..../h R$	Insumo real × Preço-padrão ....h × R$ ..../h R$	Insumo-padrão × Preço-padrão ....h × R$ ..../h R$ ....
R$ .... Variação de preço	R$ .... Variação de eficiência	

Respostas do exercício para sistema de controle

a) Utilize a planilha adiante para mostrar as variações entre os valores reais, os valores do orçamento flexível e os valores do orçamento geral.

	Real	Variação	Orçado: ajustado ao nível de atividade	Variação	Orçamento geral
Vendas em par de tênis	75.000	0	75.000	5.000 D	80.000
Receita (R$)	4.125.000	375.000 F	3.750.000	250.000 D	4.000.000
Custos variáveis (R$)	1.149.000	99.000 D	1.050.000	70.000 F	1.120.000
Margem de contribuição (R$)	2.976.000	276.000 F	2.700.000	180.000 D	2.880.000
Custos fixos (R$)	1.510.000	10.000 D	1.500.000	0	1.500.000
Lucro (R$)	1.466.000	266.000 F	1.200.000	180.000 D	1.380.000

b) Explique as variações de preço e eficiência dos materiais e diga se são favoráveis ou desfavoráveis.
Obs.: Lembre-se de que para um par de tênis o padrão é 3 kg. Como se produziram e comercializaram 75 mil pares de tênis, o insumo-padrão para esse volume é 225 mil kg.

Real	Ajustado	Padrão
Insumo real × Preço real 250.000 kg × R$ ..../kg R$ 750.000	Insumo real × Preço-padrão 250.000 kg × R$ 3/kg R$ .750.000.	Insumo-padrão × Preço-padrão 225.000 kg × R$ 3/kg R$ 675.000
R$ 0 Variação de preço	R$ 75.000 D Variação de eficiência	

c) Explique as variações de preço e eficiência da mão-de-obra direta e diga se são favoráveis ou desfavoráveis.

Obs.: Lembre-se de que para um par de tênis o padrão é 0,5 h. Como se produziram e comercializaram 75 mil pares de tênis, o insumo-padrão para esse volume é de 37.500 h.

Real	Ajustado	Padrão
Insumo real × Preço real 38.000 h × R$ ..../h R$ 399.000	Insumo real × Preço-padrão 38.000 h × R$ 10/h R$ 380.000	Insumo-padrão × Preço-padrão 37.500 h × R$ 10/h R$ 375.000
R$ 19.000 D Variação de preço	R$ 5.000 D Variação de eficiência	

Este capítulo buscou ajudá-lo a desenvolver e compreender um sistema de informações para controle, de forma a auxiliá-lo a detectar os problemas a serem corrigidos, melhorando, assim, a qualidade da tomada de decisões empresariais.

Conclusão

O processo orçamentário consiste em planejar, controlar, coordenar e provocar a motivação, por meio dos recursos financeiros, nos membros e nos respectivos setores de uma organização. De forma resumida, o orçamento é um plano que comunica a estratégia a todos os setores da organização. Também estabelece um acordo entre os gestores desses setores e a alta administração, segundo a qual, no próximo ano, certas atividades serão realizadas e, para tanto, serão despendidos valores monetários previamente acordados. O elemento de planejamento de toda organização permite que haja coordenação nas atividades empreendidas para a empresa: compra-se (ou produz-se) o que se planeja vender e assim por diante.

O controle que é realizado comparando-se a performance efetivamente obtida com a planejada tem por fim constituir ações corretivas, de forma que se atinja a estratégia planejada. Tanto no planejamento (isto é, no orçamento) quanto no controle a participação no processo é essencial para o comprometimento, assim como para a motivação pessoal para atingir as metas planejadas. Lembre-se: as pessoas irão focar seus esforços. Se o planejamento direciona recursos de modo a atingir metas congruentes, o controle é uma continuidade a afirmar sua realização. As principais características do controle orçamentário são:

- ser um padrão de comparação. A performance planejada é um meio que a administração emprega para estimular os gerentes dos setores da organização a realizarem as metas e as tarefas comprometidas no orçamento;
- informar os recursos a serem empregados em termos quantitativos, delegando autoridade aos gestores desses recursos: gerência por objetivo;
- isolar os problemas ao focar nas variações. Em outras palavras, facilitar a ação dos gestores em procurar soluções ou detectar as causas dos problemas por permitir elucidar onde houve variação entre o planejado e o realizado;
- identificar e realçar itens de performance em oposição aos itens de não-performance quando a causa está fora do controle da empresa, como greve de fornecedores etc.

O processo orçamentário é uma ferramenta gerencial, e não um mecanismo para policiar. Ele é um sistema que culmina em ação, pois influencia o comportamento dos administradores ao estabelecer padrão de performance, avaliar as atividades (ou resultados) e antecipar ações corretivas, se assim for necessário.

De certa forma, pode-se afirmar que o processo orçamentário é a principal ferramenta (ou principal fonte de informação) que ajuda a premiar ou recompensar as pessoas que trabalham na organização. O critério é o da "meritocracia". A revista *Exame* (14 set. 2005, p. 18 a 23) publicou que as empresas que empregam para valer as práticas da "meritocracia" são também as mais rentáveis.

Esperamos que, ao fim deste livro, você tenha se motivado a ver o orçamento como uma ferramenta preciosa da gestão. Ao descrevermos o orçamento, mostramos como empregá-lo para administrar a organização, suas vantagens e limitações etc. Por meio de exemplos, apresentamos como coordenar os planos dos vários centros de responsabilidade e como consolidar esses planos em relatórios econômico-financeiros. Finalmente, abordamos as técnicas de controle, de forma que os gestores possam efetivamente focar as variações ocorridas.

Referências bibliográficas

ANTHONY, R. N.; GOVINDARAJAN, V. *Sistemas de controle gerencial*. São Paulo: Atlas, 2002.

ATKINSON, A. A.; BANKER, R. D.; KAPLAN, R. S.; YOUNG, S. M. *Contabilidade gerencial*. São Paulo: Atlas, 2000.

CRESS, W. P.; PETTIJOHN, J. B. A survey of budget-related planning and control policies and procedures. *Journal of Accounting*, v. 3, n. 2, p. 61-78, 1985.

FERREIRA, A. B. H. *Dicionário da língua portuguesa — século XXI*. Rio de Janeiro: Nova Fronteira, 2001.

FREZATTI, F. Beyond budgeting: inovação ou resgate de antigos conceitos do orçamento empresarial? *RAE*, v. 45, n. 2, abr./jun. 2005.

GARRISON, R. H.; NOREEN, E. W. *Contabilidade gerencial*. Rio de Janeiro: LTC, 2001.

HOPE, J.; FRASER, R. Who needs budgets? *Harvard Business Review*; p. 108-115. Feb. 2003a.

______; ______. New ways of setting rewards: the beyond budgeting model. *California Management Review*, v. 45, n. 2, p. 104-119, 2003b.

HORNGREN, C. T.; FOSTER, G.; DATAR, S. M. *Contabilidade de custos*. Rio de Janeiro: LTC, 2000.

KAPLAN, R. S.; ATKINSON, A. A. *Advanced management accounting*. 3. ed. New Jersey: Prentice Hall, 1998.

______; NORTON, D. P. *A estratégia em ação*: balanced scorecard. Rio de Janeiro: Campus, 1997.

MERCHANT, K. A.; MANZONI. J. The achievability of budget targets in profit centers: a field study. *The Accounting Review*, v. 64, n. 3, p. 539-558, July 1989.

MICHAEL, M. *Contabilidade de custos*: criando valor para a administração. São Paulo: Atlas, 2001.

UMAPATHY, S. *Current budgeting practices in U.S. industries*: the state of the art. Quorum Books, 1987.

VANCIL, R. F. What kind of management control do you need? *Harvard Business Review*, p. 75-86, Mar./Apr. 1993.

WELSCH, G. A. *Orçamento empresarial*. 4. ed. São Paulo: Atlas, 1993.

Os autores

José Carlos Sardinha

Doutor e mestre em administração de empresas pela University of Southern California, mestre em administração pela Pontifícia Universidade Católica do Rio de Janeiro (PUC-Rio) e engenheiro mecânico pela Universidade do Estado do Rio de Janeiro (Uerj). Foi professor, coordenador e diretor do Instituto de Administração e Gerência da PUC-Rio, professor adjunto e coordenador do programa de mestrado do Departamento de Contabilidade da Uerj e coordenador de área dos programas do FGV Management. Atualmente é professor adjunto do Departamento de Contabilidade da Universidade Federal Fluminense (UFF) e professor convidado do FGV Management. É consultor de empresas nas áreas de planejamento e controle, custos e preços. Trabalhou em Furnas, Esso e Arthur D. Little em desenvolvimento de sistemas de informações em finanças. Autor do livro *Formação de preço: a arte do negócio* e de trabalhos publicados em revistas especializadas no Brasil e no exterior.

José Mauro Bacellar de Almeida

Pós-graduado em contabilidade para gestão empresarial e especialista em docência universitária pela Universidade Gama Filho (UGF), contador e mestrando em ciências contábeis na UFRJ. Sua experiência profissional inclui cargos executivos nas áreas de planejamento e controladoria em empresas pertencentes aos grupos Vale do Rio Doce, Alcatel, Caemi e Seagram, entre outras, docência em cursos de pós-graduação em controladoria, finanças e gestão empresarial e de graduação em contabilidade e administração, bem como consultoria a empresas. Professor convidado do FGV Management.

Luis Limeira Dinoá

Mestre em ciências contábeis pela Uerj e contador. Sua experiência profissional inclui o cargo de diretor administrativo e financeiro do Riocentro, superintendente do Banco do Estado do Rio de Janeiro (Banerj), gerente de orçamento do Grupo Brascan de Investimentos, contador da Brasividro Ltda., analista de orçamento da White Martins S/A e docência em cursos de administração, ciências contábeis e economia, bem como consultoria a diversas empresas. Professor convidado do FGV Management.

Washington Luiz Ferreira

Mestre em administração pelo Instituto de Pós-Graduação e Pesquisa em Administração (Coppead) da UFRJ, economista pela Faculdade de Economia e Administração da Universidade Federal de Juiz de Fora (UFJF). Foi professor e coordenador do Programa de Pós-Graduação em Finanças no Prisma — Grupo de Ação Educacional (conveniado com a Faculdade Machado

Sobrinho em Juiz de Fora), da Universidade Federal de São João del-Rei (UFSJ) e da Faculdade de Ciências Contábeis e Administrativas Machado Sobrinho. Atualmente é professor da Faculdade de Economia e Administração da UFJF, consultor de empresas e professor convidado do FGV Management.

QUAL SUA FUNÇÃO

- FUNÇÃO/OBJETIVA DO ORÇAMENTO
- PARAMETROS DO ORÇAMENTO
- SE O CUSTO É FIXO OU VARIAVEIS
- PRESENTE PASSADO - CASOS

(O QUAL A PRINCIPAL FUNÇÃO DO OBJETIVO

PRESENTE PASSADO

- LENÇOIS -

Esta obra foi Impressa pelo
Armazém das Letras Gráfica e Editora Ltda.
Rua Prefeito Olímpio de Melo, 1599 – CEP 20930-001
Rio de Janeiro – RJ – Tel. / Fax .: (21) 3860-1903
e.mail:aletras@veloxmail.com.br